Anton Wurzer - Steinpfälzer Schelmenspiegel

Steinpfälzer Schelmenspiegel

Kurzweiliges und Ergötzliches

erzählt von

Anton Wurzer

1971

Verlag Laßleben Kallmünz

ISBN 3 7847 8102 0

2. Auflage 1971

Holzschnitte: Michael Prechtl, Amberg-Ellingen Mfr.
Satz, Druck und Einband: Buchdruckerei Michael Laßleben, Kallmünz-Opf.

Die kürzeste Sprache

Der Russengeiger von Traswitz, ein versoffenes Loch, aber das Geigen hat er verstanden wie nicht leicht ein Zweiter, mußte in Ranklrieth beim Posthalter zur Kirwa mit aufspielen.
Unterwegs wars kalt, aber im Tanzsaal hats eine Gluthitze gehabt, daß alles nur so „g'wachlt" hat.
Als es losgehen soll, kramt der Ruß seine Geige aus dem Sacke — und der Schuster-Poldl, sein Nebenmann, die seine auch.
„Greiz", schimpft der Ruß auf einmal wie ein Rohrspatz, „ma ‚A' ist o!" (Ein Kreuz, jetzt ist meine A-Saite ab!)
„Hau s' nea glei(ch) a d'Wendd oi!" stichelt der Poldl, grantig und ein wenig schadenfroh:
Da krachts auch im Sacke des Poldl. Hätte er nun Gelegenheit gehabt, seine Fidel an die Wand zu hauen, aber er tats nicht, hätts nur beim Russen gern gesehn, und fluchte nur:
„V'räck, ma ‚E' is a o!" (Verreck, meine E-Saite ist nun auch ab!)

Die schwerste Arbeit

Das Schreiben, vom Briefschreiben gar nicht zu reden, ist nicht jedermanns Sache. Wer aber, wie das bei unseren Steinpfälzer Waldlern der Fall ist, den ganzen Tag Bäume fällen und in Scheite spalten oder in den Steinbrüchen Granitklötze wälzen, behauen und verladen muß, oder sich von früh bis spät mit zwei Ochsen vorm Pfluge auf einem krummen Hangacker abrackern, dem werden die zierliche Kunst des Schreibens sowie das schwer übersehbare Regel-

werk unserer Rechtschreibung eine schweißtreibende, erregende Arbeit, die kaum oder nur selten so ausfällt, wie sie sein soll. Diese Schwäche zu entschuldigen, gibt es da eine Reihe von Ausreden; entweder „g'siaht (sieht)" der geplagte Schreiber nicht, oder es „spralt (sträubt)" sich die Feder, oder es fällt gar ein Nasentröpfl oder ein „Tinkabatz" gerade auf die Stelle, auf die der Name hingesetzt werden soll. Und dann irrt (stört) auch alles in der Umgebung, die Katz unterm Tisch, die Kinder auf dem Stubenboden, oder es ist „'s Wei" an allem schuld, und schon ist das Gewitter da und bricht aus.
Ganz besonders schlimm muß das beim Fuchsloher gewesen sein, bei dem „'s Tinknglasl", wie das früher in der Obern Pfalz der Brauch gewesen, an der Wand hing, an einem Nagel, und samt dem Federhalter fest angebunden. Sobald er nur die Hände wusch, um alsdann nach dem verhaßten Schreibzeug zu greifen, zitterte schon an der Fuchsloherin alles, und ihr erstes war, daß sie den Kindern Ruhe gebot: „Kinnala, setzts enk doa (euch hin) und sads (seid) stad und töits be(t)n; da Vadda taouts Tinkaglasl und d'Fedan von Nogl oara (herunter) und wül sein Nama doaschreibm!"

Sprachverwirrung

Der Anzinger Ambros, im Oberpfälzerwalde sagt man kurz „Bros", diente im ersten Weltkriege bei den Pionieren. Einmal, da's galt, einen Regiments-Gefechtsstand ehestens unter Dach und Deckung zu bringen, dabei wurde es schon recht duster, erscheint ein Landser, der zu einer Artilleriebeobachtung gehörte, und wendet sich an den Bros.
„Gamerad, gannst du mia füa 'n baa Ochenblicke 'nen Spaten borjen?"

„Wos wüllst?“ meint der Bros und mustert, erst ein wenig mißtrauisch, den nordischen Ferngucker, dessen Wiege leicht zu erraten war, von oben bis unten und sieht dann etwas ratlos um sich.
„Ob du mir deinen Spaten nicht borjen möchtest?“ wiederholt nun der Spree-Athener und weist dabei auf das Werkzeug hin.
„Ach soo,“ dämmert es dem Bros jetzt, „ma Schaf'l wüllst ho(b)m!“ Er nickt und gibt sie ihm, die Schaufel, die trotzdem ein Spaten war.
„Schön, sehr schön!“ und „recht so!“ bedankt sich der andere und stolpert wieder davon.
Sind's zwanzig Schritte gewesen, mehr auf keinen Fall, steigen dem Anzinger doch Bedenken in den Kopf, denn, wie man weiß, in einem Krieg geht mancher und manches und kommt nimmer wieder, und so ruft er dem Davoneilenden nach:
„Daß d' ma s' fei (aber) wieda bringst!“
Der Berliner stoppt und dreht sich um:
„Wat hast du jesacht?“
„D' Schaf'l sollst wieda bringa!“ schreit der Bros, als ob der andere schwerhörig wär'. Doch der steht immer noch stutzig, als könnte er sich wirklich nicht auf seine Ohren verlassen und meint unschlüssig:
„Ich gann dich nich vastehjen!“
Da geht dem Bros ein Licht auf wie ein brennendes Dorf:
„Du, trwalljö . . finie . . d'Schaf'l wieda retur!“ brüllt er jetzt, was er aus dem Halse bringt.
„Wui, wui!“ trompetet der Berliner durch die hohle Hand zurück, schüttelt sich vor Lachen und geht.

Steinpfälzisch in der Eile

Soll beim Reden etwas Vernünftiges herauskommen, müssen Hirn und Zunge schon gleichmäßig am Zügel gehen, im Schritt, im Trab und im Galopp, was aber bei manchen Leuten, es sind gewiß nicht die Dümmsten, um keinen Preis der Welt gelingen will, so daß dann die Worte den eiligen Gedanken immer nachpurzeln und dabei oft recht kurios durcheinander geraten.
Zu dieser Sorte Menschen gehörte auch der ehrsame Dienstl Matthes, seines Zeichens ein Zimmermann, in der damals noch recht ländlichen Stadt Weiden.
Kommt der Matthes eines Tages zu spät auf dem Zimmeranger zwischen den Naabbrücken an, eine geschlagene Stunde, schwitzt und dampft und ist ganz durcheinander. Fragen ihn die andern gar spöttisch, ob er wohl beim „Bärenwirt" nach dem Lichtausdrehen noch in der Kuchl gesessen, oder ob er im „Hennerloch" nicht fertig geworden wäre, was in Weiden auch eine Schankstätte ist, sogar eine sehr alte und bekannte.
Wischt sich der Matthes den Schwitz mit dem Schurzzipfel aus dem Genick und hudelt heraus:
„Nix, nix, Manna, nix Bärnwirt hintan Hennerluch, schlächte Nacht, schlächte Nacht g'hatt; haut si Kauh kälwat heint Nacht, hob ie Hewamm g'hult, is si Wei ins Wochnbett kumma, hob ie 'n Höita a nu braucht."

Nichts für dritte Ohren

Die Seger Kathl, was des seligen Balthasar Seger ehrsame Witwe war — auch ihr tut längst schon kein Zahn mehr weh, war sie doch zeitlebens schrecklich damit geplagt — hatte gleich zu Anfang des ersten Weltkrieges ihre beiden

Söhne draußen. Als Ende August 1914 der erste Feldpostbrief eintraf, den der hinkende Postbotenfranz gleich rechts neben der Haustür hinter die Geranienstöck'ln gelegt hatte, weil sie mit auf dem Haberfelde zugreifen mußte, geriet sie in arge Verlegenheit, denn sie konnte weder lesen noch schreiben. Hielt sie also die Sohnesbotschaft ratlos in den Händen, drehte und wendete den Briefbogen bald so und bald so, obwohl sie davon auch nicht klüger wurde, und frug sich immer wieder: „Wos taou i öitzat daou — wos taou i denn daou?"
Der Magd und der alten Taglöhnerin wollte sie sich um keinen Preis anvertrauen. Blieb also guter Rat teuer. Sonst hatten halt die Buben alles gelesen und geschrieben, was zu schreiben war. Da fällt ihr der Nachbar ein, der Jakl. „Ach ja, der Jakl", denkt sie, hat aber bei dieser Zuflucht allerlei Wenn und Aber. Schließlich gibt sie doch ihrem Herzen einen Stoß und geht hinüber.
„Daou haout mar ötzat oina vo di Baou(b)m g'schriebm. Wenn i 's nea les'n kannt! Owa i g'siah (sehe) nix mäina (mehr)", meinte sie und rieb sich die Augen, als hätte sie sich schon wunder wie angestrengt, und hielt dem Lenzenkiel Jakob den Brief hin.
Der mußte auch erst seine Brille aus dem Wandkästl holen und die Augengläser putzen. „Daou schreibt also da Wastl", brummte er, indem er sich umständlich setzte und zu lesen anfangen wollte. In diesem Augenblick sprang die Kathl geschwind wie eine Katze hinter den Jakl, der auf einem Stuhle saß, und hielt ihm mit den beiden Schurzzipfeln die Ohren zu. Schnellte der in die Höh, als hätt' er sich in lauter Nadeln gesetzt, und fuhr sie an: „Wos vatreibst denn du daou mit miar? Su an Zeich! In unsan Alta nu su Tänz!?"
Doch da hatte er sich in der Segerin verrechnet, der das Gallenbläschen überlief, so daß es ihr schier die Augen heraustrieb vor Gift.

„Su denkst du, schau, schau, a su an alta Iasl (Esel)!" pfiff sie den Jakl an — und weiter — wie eine Natter: „I ho(b) near g'sagt, du sollst ma den Briöf vürles'n. Wos owa daou drinna stäiht, dös gäiht di an Pfief a(n), vastäihst? Und drum brau (brauchst) as a (auch) niat z'häian (zu hören)!"
Sprachs, nahm den Brief wieder an sich und ging damit zum Schullehrer, der dann doch mithören durfte, was ihr Ältester, Sebastian Seger, vor St. Mihiel seiner Mutter mitzuteilen hatte.

Seltsame Lesebrille

Der alte Owampm-Bauer selig, Gott tröst ihn! war ein Wunderlicher, ein Spintisierer, der fleißig das Seine tat, sich ansonsten aber um nichts kümmerte. Als es jedoch in der Welt zu rumoren begann und sich schon überall die Zeichen einer neuen Zeit bemerkbar machten, es war schon vor dem ersten großen Kriege und er rückte bereits an den Achtziger heran, hing er seinen Einsiedler, den er seiner Lebtage gespielt, an den Nagel und ging sogar aus, der Zeitung halber, wie er sagte. „Resi", tuschelte er dann geheimnisvoll, wenn er Sonntag abends ins Bräustübl kam, „bring ma 'n Kurier!" Und die Tochter des Bräuers suchte dann in der Gaststube und in der Kuchl zusammen, was von den Zeitungen der Woche noch da war, und schob's ihm hin. Dann saß er stundenlange hinter seinem Seidel Bier und las. Dazu hat er auch eine Brille gehabt, die er langsam und bedächtig auskramte und umständlich auf der Nase herumrückte, bis sie endlich richtig saß.
Wieder einmal, gleich nebenan ist ein hitziger Schafkopf im Gange und „Trumpf" und „G'stoch'n!" schallts und dröhnts, daß manchmal die Seidelkrüge zittern, fällt dem

jungen Schallerbauern, der dem Alten am nächsten sitzt und gerade mischt, der Blick auf dieses Spekuliereisen, wie es der Owampm selber bezeichnete, und vergißt plötzlich das Mischen und beugt sich ein wenig näher und sieht, daß das nur ein Gestell ist.
„G'siahr i rächt oda bin i blind?“ platzt er hellachend heraus, daß es auch die anderen herumreißt, und „Owampm, du haoust ja in deina Brülln koi Glasla drin!“
„Macht nix,“ knurrt der Owampm drauf, „as is samtdem bessa, wals ma 's G'seah zammhalt!“
Half alles Lachen nichts; einige kamen doch dahinter und fanden das Körnchen, wenn es auch winzig ist, so daß die Optiker und Brillenmacher nicht zuzuschließen brauchen und zu fürchten, die Schlosser oder Spengler könnten ihnen ins Gewerbe pfuschen.

Pfalzler Symmetrie

Ein Pleysteiner Metzger, der Hammer-Nickl, war sein Hausname gewesen, ist einmal nach Böhmischbruck gegangen, ins Gäu, weil er dort eine fette Sau wußte, die ihm schon zugesagt war. Trifft er unterwegs, vielleicht einen Büchsenschuß seithalb des Ortes, den Gruberl von Kössing, der gerade Klee einfährt und vorm Wägerl eine Kuh hat, die ihm, dem alten Kipperer, der sich auf sein Geschäft versteht, zuerst ein wenig sonderbar vorkommt, daß er zunächst wielang schauen muß und studieren, was da nicht stimmt. Als ihm aber dann doch das Licht aufgegangen, wird er neugierig.
„Na, Grauwerl“, ruft er den Emsingen an, „wos haust denn du öitzat dau füar a Vöich; döi haut ja koi Hearna af'?“
„Ha“, sagt der Gruberl drauf, „dau is 's Lauda selwa schuld; va lata Näit (Not, Eile) mearts (rennts) letzan Maunda

(Montag) an d'Huftoasaln hi, daß 's rächt Hearnl mitganga is. Hauts nea nu links su an Stierl aßistöihnat g'hatt, su an krumma. Hob i denkt, dös siaht wöißt as; hob i glei 's Hackl g'hult und hob 's anda a nu oarag'haut. Ѻitza is do wieda s i n d e t r i s c h — vastäihst?"

Der Pulverstoffel

Zu Pleystein kommt einmal ein biederer Sachse, der in Handelsgeschäften die Gegend abgraste, ins „Lamm". Nun weiß man weit und breit, daß die Pleysteiner im Volksmunde die „Pulverstoffel" heißen, so wie das in den meisten Orten der Steinpfalz Sitte ist, daß man sich gegenseitig mit oft uralten, manchmal sogar gepfefferten Spitznamen aufzieht, was wohl einem Einheimischen erlaubt ist, einem Fremden oder „Zugereisten" jedoch schlecht bekommen kann.

Das hat aber der helle Sachse nicht bedacht, vielleicht auch nicht gewußt, fragt darum vorlaut, ob er hier, wie er gehört habe und da man ihn hergewiesen, nicht den bekannten Pulverstoffel sehen könnte. Der alte Wassermann, das war der Hausname für den Lammswirt, weiß gleich, was es geschlagen, denn man kennt den Vogel an seinen Federn, und meint: „Frali kinna s' den seahgn!" Und faßt ihn am Rockärmel und zieht ihn in die Mitte der Gaststube, nimmt sodann die Pfeife, die ihm Tag und Nacht zwischen den Zähnen hing, und deutet damit zum Fenster hinaus, zum Schmied hinüber und sagt: „Grod is a daou drübm eini, wiard owa glei wieda assakumma. Sie möin halt a weng woart'n!"

Es heißt, die Sachsen sind kluge Leute. Der wars aber bestimmt nicht; das Pulver hatte ein anderer erfunden, denn obs einer glaubt oder nicht, dieser Holzwurm, er kaufte nämlich Holz auf, bleibt auf der Stelle stehen, zündet sich, weiß Gott, damits ein wenig unterhaltlicher sein soll, sogar noch gemächlich eine Zigarre an — und wartet — wartet.

Aber der Pulverstoffel will nicht kommen. Spannt der Holzwurm immer noch nichts, wird auch nicht ungeduldig, sondern brummt nur nach einer Weile: „Na, wirds was —

oder wirds nichts?“ Und da er das Haustor des Schmieds nicht aus dem Auge läßt, sieht er auch den alten Maurer mit seinen zwei Gesellen nicht, die in der Ecke sitzen und gerade Brotzeit halten, einander zuzwinkern und in sich hineinlachen.
Da schließlich auch der Dümmste einmal helle wird, das heißt, der Sachse wollte sich am Ende die Beine doch nicht ganz in den Bauch hineinstehen, wendet er sich wieder an den Wirt, was es denn endlich mit diesem Stoffel sei — und ob er wohl da drüben ins Butterfaß gefallen.
Und weil jetzt in der Maurerecke das Langverhaltene ausbricht, hilft dem Wassermann das Gläserausschwenken und Plätschern in der Schenke auch nichts mehr. „Den wearns halt drübm nimma aslaoua“, meint er ganz trocken, geht auf den Genarrten zu, dreht ihn nach rechts herum, so daß er gerade in den Wandspiegel sehen kann und sagt:
„Wenns s' nan unbedingt seahgn wäll'n, daou schaut a öitza assa — oda eini!“
Und schon ist er zur Kuchltür hinaus und verschwunden.
Jetzt hätte man aber den Sachsen sehen sollen. „Unverschämt!“ schreit er auf und heißt den Wassermann einen Flegel, eine üble Motte und einen Lümmel hin und her und will eben noch was von der Leber bringen, aber da rumpeln auch schon die zwei Maurergesellen auf. Doch der Sachse wurde mit einem Male flink und erwischt schnell noch die Türe.
Und das war sein Glück.

Der fürsorgliche Ehemann

„Hilf, was helfen mag!“ das ist ein alter Grundsatz — und kein schlechter, wenns einer recht anfängt. Und meistens hilfts auch, denn ein pfiffiger Kopf und ein über-

raschender Einfall zur rechten Stunde sind was wert, soll eine Sache trotz aller Tücke zu einem guten Ende kommen. Was aber letzteres betrifft, so hatte der Thurndorfer Mesner und Kantor, der auch ein Pfiffikus war, weniger Glück, so daß seine Einfälle gewöhnlich nur die Lacher auf seine Seite brachten, wie in diesem Stücklein, das verbürgt ist, weil nämlich der Kalendermann den Michel, so hieß der Ehemann, selber noch gekannt hat.
Zu den Obliegenheiten seines kirchlichen Amtes in der Karwoche gehörte auch das Aufstellen des sogenannten „Heiligen Grabes", eines hölzernen Kulissenwerkes, das eine schauerliche Felsenhöhle darstellte und von zwei Rittern, aus Brettern geschnitten und bemalt, bewacht wurde. Wieder einmal, als er dies im Schweiße seines Angesichtes mit Sorgfalt zu Ende gebracht und daheim seine Erdäpfelsuppe ausgelöffelt hatte, blieb ihm nur noch der trockene Hals, dafür ein Krüglein Bier bekanntlich die beste Arznei ist. Das ging aber der Frau, einer gar schmächtigen und scheuchtsamen Person, arg wider den Strich, denn sie fürchtete sich sehr im Hause, umsomehr, als dieses nicht allzu ferne dem Freithofe gelegen. Außerdem wußte sie, daß der Mann, der zeitlebens von einem bösen Durst geplagt wurde, gerne unter die Kartbrüder fiel und dann gleich, wenns die anderen aushielten, bis zum Frühläuten im Feuchten blieb. Sie brauchte also keinen Propheten dazu, um vorauszusehen, wies wieder kommen wird, und beginnt also zu jammern und auch mit harten Worten nicht zu sparen; ein Wort gibts andere, doch da läuft dem Michel ein heißer Wind über die Leber, daß er aufspringt und zur Türe hinaus und sich nimmer blicken läßt.
Und als es Nacht wird, kriecht sie allein in die Federn. Sie ist aber kaum noch warm unter der Decke, da kraspelts draußen im Fletz und kommt näher und näher — und wird ein Gebrumm daraus und ein Gepolter, daß sie schreien

möcht vor Todesangst, aber sie kanns nicht. Es kriecht ihr schon eiskalt von unten herauf, da tuts einen Schlag, davon die Türe aufspringt, und herein keucht kein anderer als der Michel, einen der mächtigen Grabesritter aufgeladen, den er der Entsetzten, schon halb Toten, vors Bett pflanzt. „Daou“, sagt er, „daou haoust öitza oin (einen), daß d' a Raouh gitst (gibst) — und daß di koina davatragt. Und wenns d' moinst, daß dear nu niat langt, naou hul i da (dir) 'n andan a nu!“
Sprachs, wischte sich den Schweiß aus dem Genick und verschwand wieder, der fürsorgliche Mann.
Wie die Frau in jener Nacht geschlafen — und wann der gute Michel das letzte Krüglein ausgetrunken hatte und heimkam, fragt nicht! ist uns nicht überliefert. Aber man kann sichs denken.

Kurzer Prozeß

Vom Michel, jenem resoluten Kantor und Mesner, der um 1890 im Auerbachischen bedienstet gewesen und sich durch manches Stücklein bis auf den heutigen Tag ein heiteres Andenken bewahrt hat, sei sein letzter Streich, wahrhaftig ein Kardinalstreich, der Nachwelt überliefert.
Zugegeben, er war kein Seidener und sein Dickschädel machte ihn im Jähzorne gefürchtet, im Grunde besaß er jedoch ein gutes Herz, und wers erkannt, kam aufs beste mit ihm aus. Das hat aber, im Gegensatz zum alten, der neue Pfarrer, der seinerzeit aufzog, nicht gewußt, dessen Kopf voller Neuerungen stak, indes Michel am Althergebrachten hing und sich um keinen Preis mehr umstellen wollte. Was er rechtzumachen sich bemühte, fand keine Würdigung, wurde im Gegenteil mit hochfahrender Miene heruntergesetzt bzw. kaum beachtet, so daß sich gar bald ein bissiges Hin

und Her entwickelte, welches zuletzt böse Auseinandersetzungen heraufbeschwor, die jeder gütlichen Vereinbarung den Weg verriegelten. Und es wird wohl wahr sein, was die Überlieferung erzählt, daß nämlich der Michel öfter denn einmal alles hinschmiß und — den verdutzten Pfarrer stehen lassend — einfach auf und davon rannte, um seine Wut hinterm Bierkrug zu ersäufen.
Wieder einmal, es war an einem Sonntag vorm Hauptgottesdienste, hatte sich der Pfarrer aus irgendeinem Grunde verhalten und kam ein wenig spät in die Sakristei, wo der Michel schon längst sämtliche Utensilien aufs Sorglichste bereitgelegt hatte und sich nun tummeln mußte, seinem Gebieter das Meßgewand überzuwerfen. Als er eben daran war, die Falten und Spitzen der Albe säuberlich gleichzuziehen und alles schön zu ordnen, faßte den ungeduldigen Pfarrherrn wiederum ein giftiger Unmut über die vermeintliche Langweiligkeit seines Kirchendieners, und in der Wallung jähen Zornes riß er das Zingulum auf, so daß der Michel wieder von vorne anfangen mußte.
Hat's bislang im Pfarrherrn gekocht, jetzt platzt des Mesners Gallenbläschen. „Kruzitürk'n", knirscht der vor sich hin, „öitza langt's; alles wos rächt ist!" und schon wirbelt ihn die Wut, daß es ihm rot vor den Augen wird und er nimmer anders kann, als dem Pfarrer die Albe über den Kopf zu werfen, blitzartig geschieht das alles, ihn weiter um die Mitte zu fassen und dann in den alten, mächtigen Paramentenschrank zu stopfen. Jetzt schnell noch die Türe zuzudrücken und abzuschließen war eins und ging so schnell, daß der verblüffte Pfarrer nicht wußte, wie ihm geschehen und auch nichts dawider unternehmen konnte. „Daou kannst öitzat dein Gift asschwitz'n", sagte er laut, daß es der im Kasten hören mußte, brummte dann noch etwas von „lang umanandertun" und „kurzem Prozeß" und verschwand aus der Sakristei.

Der Pfarrer, der das böse Mißgeschick, in das er nun geraten, nicht offenkundig werden lassen wollte, verhielt sich still und ergeben in der Hoffnung, der Michel käme doch wieder zurück, ihn herauszulassen. Inzwischen die Ministranten zu alarmieren, die längst schon vor der Sakristeitüre draußen im Presbyterium standen, die Hand am Klingelzug, widerstrebte ihm; denn die Schande vor den Buben, um himmelswillen! das wäre nicht auszudenken. Wohl versuchte er, sich gegen die Türe zu stemmen, aber das alte, eichene Bauwerk eines gewissenhaften Schreiners mit seinen schmiedeeisernen Bändern und Angeln und dem wahrhaft gigantischen Schlosse gab nicht nach. Genügend Luft hatte er zum Glück, und so blieb ihm nichts anderes übrig, als sich in Geduld zu fassen und der Befreiung zu harren.

Wie erstaunte aber der zu Tod Erschrockene, da plötzlich draußen die Orgel zu tönen begann, langgezogen und feierlich.

Da ging durch die Reihen der Kirchenbesucher ein Raunen und Wispern — und die Hälse wurden immer länger und die Augen immer größer, die sowohl am Altare als auch auf der Kanzel ihren Pfarrer zu erspähen suchten.

Inzwischen war der kreidebleiche, zornfunkelnde Michel auf der Orgel mit allen Registern zu einem gewaltigen Fortissimo übergangen, in ein allzu bekanntes Volkslied hineinpräludierend, um dann mit vollem Halse einzustimmen:

„Ei, du löiwa Augustin,
da Pfoarra hockt in Kast'n drin;
ei, du löiwa Augustin,
schöi stad hockt ar drin!“

Kaum, war das letzte Wort verklungen, warf der verwegene Sänger den Manualdeckel zu, es geschah krachend, und rief auf die unruhig gewordene Kirchengemeinde herunter: „Wennz enkan (euren) Pfoarra ho(b)m wällts,

in'n Sakristeikast'n schlaouft ar drin!" worauf er wie der Wind die alte Chorstiege herunterhoserte, zur Türe hinausschoß und sich nicht mehr blicken ließ.
Dies war Michels letzter Streich, denn er kostete ihm die Stellung. Wer aber glaubt, ein pfalzler Schnitzkopf, und das war er, käm deswegen um, der schießt weit daneben. Der Michel ist darauf nach Weiden gezogen, wo er sich als Musiklehrer niederließ und in Zither, Gitarre, Geige und Klavier Unterricht erteilte, noch viele Jahre, denn er war unverwüstlich und starb fast eines biblischen Alters, indes ihm sein einstiger Widersacher um fast einundeinhalbes Jahrzehnt den Weg ins Jenseits vorausging.

Der Beweis

Wenns Wetter nicht will, wie der Bauer meint, und das ist oft so, freilich manchmal auch arg, dann ist immer unser Herrgott schuld, der etwas übersieht oder eine Strafe schickt. Um sich dem Himmlischen in Erinnerung zu bringen oder seinen erzürnten Sinn wieder zu besänftigen, hat sich der schöne Brauch eingebürgert, Feldumgänge zu veranstalten, die besonders in früheren Zeiten mit einem heiligen Eifer betrieben wurden.
Sind einmal auch die Schwarzenfelder ausgezogen, unseren Herrgott um Regen anzugehen, der in jenem Jahre gar dringend not tat; denn das Korn hatte noch nicht geblüht und wurde schon gelb, und der Haber wollte überhaupt nicht in die Höhe. Wurde also ein Bittgang beschlossen, zu dem sie auch das große Tragkreuz mit übers Feld nahmen, das der Hüt-Jakl trug, ein robuster Christ und stimmgewaltiger Vorbeter, wie er zu einer solch ernsten Sache gehört, wenn das Gebet sozusagen „durch die Wolken dringen" soll.

Es war eine Bruthitze, der Himmel wie abgeleckt und kein Wölkchen dran, das sie gern als ein Anzeichen ihrer Erhörung begrüßt hätten. Als sie auf halbem Wege an einem besonders mageren Acker vorüberkamen — der Jakl sah und hörte nichts vor lauter Andacht —, stieß ihn der Fitzbauern-Gobi von hinten an und deutete mit dem Daumen auf den kümmerlichen Haber hin. Riß der Jakl das Kreuz aus dem Tragstiefel und fuhr damit in die kaum fußhohen Halme hinein und sagte laut, sein Gebet unterbrechend: „Daou, Herrgotterl, schau da den Howan selwa a(n), daß d's siahst, wennst uns niat glabm wüllst!"
Sprach's und betete dann wieder weiter und behauptete später, felsenfest überzeugt, ihm allein hätte man den Regen zu verdanken, der zwei Tage danach einsetzte, als käme eine zweite Sintflut hernieder, und anhielt, eine ganze Woche lang.

Ungleiche Mahlzeit

Der Bauerngirgl von W... war ein geriebener Tagdieb, dem die Hände jedesmal nach hinten gewachsen schienen, wenn er vor sich eine Arbeit sah, und umgekehrt, wenns hinter ihm zu tun gab. Damit er aber doch für gewisse Zeiten zu einem ausreichenden Zehrgeld gekommen, verfiel er auf die absonderlichsten Schliche. Mit großer Vorliebe begleitete er einen blinden Ziehharmonikaspieler auf die Jahrmärkte, zu dessen Weisen er sang, denn seine wohltönende tiefe Stimme wurde überall und besonders von Frauen gern gehört. Der Verdienst, welcher in seinen, d. h. in den Hut des Blinden fiel, welchen er an dessen Stelle vor sich hinhielt, war demnach auch sein Verdienst, den er regelmäßig jeden Abend mit seinem Gesellen, wie er vorgab, „redlich" teilte.

Wieder einmal saßen sie im „Churpfälzischen Hof“ zu Weiden. Es war Michaeli-Markt, und von den Türmen läutete man gerade die Mittagszeit. Nachdem sie erst tüchtig aufgespielt und gesungen und hernach gesammelt hatten, blieben sie gleich zum Essen. Und der Bauerngirgl bestellte für beide, so sagte er, eine tüchtige Portion Leberkäs, der dem Blinden ausnehmend schmeckte.

Als der so zufrieden saß, kaute und schmatzte, fing er plötzlich an zu schnuffeln und zu wittern, denn es kroch ihm noch ein anderer Duft in die Nase, der von keinem Leberkäs kommen konnte. Und als das Düftlein immer verlockender wurde, kamen ihm doch allerlei Vermutungen auf, so daß er nach dem Girgl langte und frug, was er denn auf dem Teller habe, und ob das nicht ein Schweinebraten wäre oder gar ein saftiges Stückl von einem Spanferkel — und wenn nicht er, wer denn dann sonst so nobel äße.

Sprach der Bauerngirgl zum Blinden:

„Ha g’siahst denn niat, daß ma glei(ch) ne(b)m da Kuchltüar sitz’n?“

Das war eine schnelle und listige Lüge, aber der Blinde hat noch einmal ausgelangt, diesmal mitten in den Teller hinein — in die fette Brühe — und von da auch ins Gesicht des Girgl, aber schallend, laut schallend sogar, daß es jeder in der Gaststube hören konnte — und es war niemand, ders dem losen Strick nicht gegönnt hätte, so saftig war die Maulschelle — und so gut gemessen.

Schwieriger Fall

Wenn in Böhmischbruck etwas los ist, zwei- oder dreimal im Jahr, dann dauert’s jedesmal lang, will niemand mehr heim, denn wo die Freude so selten ist, will sie ausgekostet

sein bis zur Neige. Drum: je länger desto besser, oder: in da Fröih wird's erst schöi.

Das Gegenteil davon empfanden einmal zwei Miesbrunner Musikanten, der Klarnettn-Muck und der Trumml-Baptist, die mit zum Fastnachball aufgespielt hatten. Fünf Uhr in

der Früh war's, bis die letzten Flederwische genug hatten und der Bräuer Schluß machen konnte.
Draußen hat's tiefen Schnee gehabt und eine grausame Kälte, und die zwei Miesbrunner sollten drei geschlagene Stunden heimlaufen, so daß sie die Köpfe bös einzogen, denn obendrein war's auch noch stockfinster. Drücken sie sich also eine zeitlang in der Kuchl herum, wo das Herdfeuer schon wieder prasselte und das Schweinefutter aufgesetzt war.
Denkt keiner so recht an's Gehen, weder der Muck noch der Baperl, der ja auch mit der großen Trommel allein nicht zurechtkam. Schließlich stupft er aber den Muck doch ein wenig, dem schon die Augen zufielen, und meint: „Wäll'n ma öitzt — oda wäll'n ma niat?"
„'s gäiht halt schlecht a(u)fi durch's Holz; i moin, i leg mi auf Benk doa (hin) und schlaouf!"
Da hatte die Bräuerin, die beim Tanzen auch nicht die letzte gewesen, ein Einsehen und wies ihnen unterm Dach eine zwieschläfrige Kammer an.
Als die beiden hinaufkamen, war's da drinnen wie in einem Eiskeller und hatte die Frau das Bett nicht vorgewärmt wie daheim, so daß dem Baptist im Hineinkriechen die Zähne klapperten wie eine alte Nähmaschine. Der Muck brauchte länger. Nachdem auch er sich gehäutet und unter die Decke schlüpfte, meinte er, genau so schlotternd wie der andere: „Huschala, wirst schaua, marg'n fröih, wenn ma d' Aug'n afmach'n, san ma all zwöi dafroan!"

Den Teufel an die Wand gemalt

Diesmal ist's nicht als Redensart gemeint, die besagen will, beschrei nichts! wobei man dreimal auf die Tischplatte klopft und „Teu-teu-teu!" macht — nein hier gilt's wörtlich und hat sich im südlichen Landkreise Vohenstrauß zugetragen, seinerzeit, als der Schwanenwirt, vulgo Schwana-Lipp, weil er Philipp geheißen, seinen neuen Saal ausgebaut und gerade fertig hatte bis aufs Weißen, denn dazu sollte erst der Wandverputz gründlich austrocknen. Es war auch schon bald soweit, als gegen drei Wochen vor der Kirwa der Bräuer-Ferdl von Pleystein, ein wahrhaftiger Eulenspiegel, der über seine Hopfen- und Malzwissenschaft auch etwas Latein gerochen hatte und überdies gar ein findiger Mineraloge gewesen ist, mit seinem Zechkumpanen, dem Modl-Buscher-Seppl, auf einer seiner unterhaltsamen Kundentouren oder „Bittgängen", wie er sagte, auch beim Schwanen einfiel, sozusagen gleich der Schnepfe auf dem Strich.

Wenn auch der Schwana-Lipp tat, als müßt er den Ofen halten, damit der vor lauter Freude und Überraschung nicht einstürze, so wußte es der Ferdl doch besser, denn er hatte ja auch vorsichtshalber den Biervertrag in der Tasche, für den Fall des Falles, und das mußte schon seinen Grund haben. Tat der Lipp also groß, als gälte es, jetzt einen seltenen Tag zu feiern, wozu er auf der Stelle ein frisches Fäßlein anstechen müßt, die Herren sollten doch einstweilen seinen neuen Saal droben besichtigen, bei der vorderen Stiege ging's hinauf, und lief mit dem Schlüsselbunde vertattert hin und her, als fände er den Weg nach dem Bierkeller nicht gleich.

„Alter Fuchs!" dachte sich der Ferdl, der sofort begriff, wo der Hase im Pfeffer lag, und tat ahnungslos und ganz begierig nach dem Saale.

„Modl, gäih, den schau' ma uns fraili a!" sagte er zu seinem Trabanten, der auch gleich bereit war, und so stiegen sie also vorne hinauf, eine steinerne Treppe, in den Saal. Es sah da noch bös aus: Ziegelbrocken, Sand und Mörtel lagen herum und die Fenster waren auch noch nicht eingehängt. Der Ferdl geht eine Weile hin und her, begutachtet und bemängelt und bleibt dann stehen. Pötzlich steuert er auf die Stirnwand zu, besieht sie genau, drückt auch mit dem Finger da und dort herum und hat auf einmal ganz kleine, listige Äuglein.

„Modl“, sagt er und winkt den andern herbei und zischelt ihm in's Ohr, „öitzt taoun ma 'n Lipp wos a(n)!“

„Wos denn“, fragt der, wischt sich das Nasentröpfl ab, und wird neugierig.

„Daou mal'n ma öitzt 'n Teifl an d'Wend oi!“

„Ha, gäih!“ wundert sich der Buscher, „wos dir niat allas ei(n)fallt!“

Aber da hat der Bräuer schon seinen Hagelbuchenen an der Wand und zweihändig, damit der nötige Druck da ist, kratz er mit der eisernen Spitze tief bis auf's Mauerwerk hinein ein greuliches Ungeheuer, schier wie ein springendes Wappentier und so groß, daß er die halbe Wandfläche braucht. Und wo die Arme und der Stock nicht mehr hinreichen, wird ein kleiner, leerer Mörtelzuber umgestülpt und hingeschoben. Der Modl staunt. „Der kann's!“ denkt er und macht große Augen und bringt den Mund nicht mehr zu, so flink und so sicher geht's dem Ferdl von der Hand. Er hat's ja auch auf der Lateinschule zu Amberg gelernt, woher hätt er wohl auch das Spottkartenzeichnen gehabt, mit denen er zu gewissen Gelegenheiten seine besonderen Freunde bedachte.

„So“, wendet er sich dann aufschnaufend um, „Modl, öitzt maoußt du a nu wos hi(n)mal'n, niat daß's hoißt, ich alloi bin's g'wen!“

Wie sehr sich der Buscher jetzt auch wehrt und sträubt, es hilft nichts, und der Ferdl führt ihm die Hand. Dem Teufel werden nun die Hörner aufgesetzt und zuletzt — dem Modl zittern schon die Knie und er schwitzt vor Angst — erhält das Ungeheuer auch noch seinen Schwanz, einen schöngeschwungenen Quastenschwanz wie der bayerische Löwe.

„Schick di nea“, bettelt der Modl, „sunst kummt da Schwanara nu affa (herauf) und dawischt uns!“ Aber der Bräuer läßt sich nicht abbringen und macht den Teufel sauber fertig, dazwischen immer wieder schnell über den Hof spitzend, drüben nach der anderen Seite, wo der Bierkeller lag, in den der Lipp verschwunden. Endlich hören sie ihn heraufpoltern und brummen, der keinen Knecht daheim hat und alles selber tun muß, langsam, von wegen seines Bäuchleins. Die Schenke einstweilen zu bewachen, hat er eiligst die Küchenmagd gerufen und hineingestellt, drinnen eine Reihe Gläser zu spülen, was dem Ferdl auch nicht entgangen.

Als sie nun die Treppe herunterkommen, rollt der Schwaner just das Fäßlein in's Haus und seine erste Frage ist:

„Na, Manna, wos sagts zu 'n Saal?“

„Schöi und praktisch!“ gibt ihm der Ferdl zurück und der Modl streicht auch seinen Senf dazu:

„Wirkli, nea grod schöi — nobl!“

So war's dem Schwana-Lipp recht geredet, dem das Herz aufgeht wie ein Hefenknödl, daß er aus sich herausgeht jetzt und seinen Saalbau gebührend unterstreicht; denn, so meint er, wenn er was baut, wird's was Rechtes, hat's Hand und Fuß. Weiter: zur Kirchweih soll die Eröffnung sein — und der Herr Pfarrer will auch kommen, was dem Bräuer ein verschlagenes Zwinkern entlockt, das den Modl sichtlich in Verlegenheit bringt. Doch bald ist der Saal vergessen, denn der Lipp tut geschwätzig und der Ferdl läßt sich auch nicht lumpen und läßt seine Witzschatulle offen, so daß es schon dämmerig wird, als der Schwanenwirt die beiden vor die Türe bringt.

„Kummts bal(d) wieda!“ ruft er ihnen nach, die eilig um die Ecke schwenken, wo der Bräuer in ein schallendes Gelächter ausbricht, darobs der Modl schon wieder mit der Angst zu tun bekommt, ihre Missetat möchte vorzeitig an den Tag gelangen, denn, so meinte er, der Lipp soll einen sanften Schlaf haben, wenigstens noch diese Nacht. Und recht hatte er; was sich nämlich den Morgen darauf abspielte und in den folgenden Wochen, ist eine Geschichte für sich, die auch hierher gehört.

Die Hausmagd ist's, die gleich nach dem Frühläuten den Lipp aus den Federn trommelt, der zu allem Unglück über Nacht auch noch sein altes Reißen, rechts hinten, wieder bekommen. Potz Blitz und Gottes Wunder! Er fährt auf, denn was die Magd im Saale entdeckte, konnte leicht am Ende auch eine Täuschung sein. Aber bald tut er wie ein Löwe, brüllt zuerst im Saale, in der Kuchl dann und in der Schenkstube, fetzt dann im Hofe herum und wieder im Hause wie ein Gewitter.

„Dös", so schreit er, „dös haout nemads anderer taou wöi da Breier, dea Lump, der Tochdöib, dea vastudierta", und dazu nennt er den Ferdl auch noch einen Bazi, einen Panduren, und er tät ihn umbringen, wenn er ihn dahätt', jawohl, auf der Stelle sogar würde er ihn umbringen, den Spitzbuben — und er müßte ihm das büßen, dafür garantiere er, so wahr er Lipp heiße und auf dem Schwan sitze, und er werde diesem Vaganten die Hölle schon heizen, in die er eher gehörte als der Teufel in seinen Saal, in ein so christliches Haus. Der Maurer-Lenz muß her, schreit er dann in die Küche hinein, gleich sollt er kommen und einen Kübel Mörtel mitbringen. Doch der Lenz sitzt ausgerechnet in Weiden und kann ehestens morgen mittags wieder zurück sein, so daß das Unwetter weitertobt, den ganzen Tag. Inzwischen gerät auch die Nachbarschaft auf die Beine, Neugierige kommen und gehen, lachen heimlich in sich hinein, und bald heißt's, beim Schwanenwirt ist der Teufel im Saal. Und wie's in Gottes weitem, weitem Garten nun einmal ist, der Ferdl hat auch seine besonderen Freunde, die den Lipp beraten, dem Herrn Bräuer doch einen gesalzenen Brief zu schreiben, er hätt' für den Schaden aufzukommen und als Sühnegeld für die unheilige Tat einen Goldfuchs in die Armenkasse zu zahlen, was sich der Lipp auch vornimmt, denn so kann er doch dem Ferdl, der weit vom Schusse sitzt, gewissermaßen mit der Feder zu Leibe rücken.

Es dauert noch einen Tag länger, bis der Maurer-Lenz mit dem Mörtel angerückt kommt. Dem verzieht's das Maul und er muß erst die Lefzen verbeißen, bis er seine Red' wieder findet, um den Schaden, den ihm der Lipp mit der Pfeife in der Hand, weist, als gering darzustellen, brauchen nach seinem Rat doch nur die Rillen wieder mit Mörtel ausgeschmiert zu werden. Und das geschieht auch. Ganz genau. Ganz genau hat der Lenz alles ausgefüllt, daß die Wand wieder vollkommen glatt wurde. Aber der Teufel ist geblieben. Acht Tage drauf muß der Saal geweißt werden, denn die Kirwa stand vor der Tür. Der Wandputz war trocken und die grüne Kalkfarbe trocknete auch schnell nach, über Nacht sogar. Doch der Teufel schlug durch und wurde jetzt erst richtig und schier geheimnisvoll schön.

Den Lipp schwindelte, sein Saal und damit das ganze Haus könnt in einen bösen Verruf kommt mit diesem höllischen Dauermieter, den ihm der Bräuer unters Dach gebracht. Hebt's ihm also wiederum das Hütlein hoch und der Gaul, der vom ersten Schreck her noch tänzelte, geht ihm abermals durch, so daß er sich endlich hinsetzt und den angeratenen Brief wirklich schreibt, einen Brief, der sich gewaschen hat, und also schreibt, er sehe sich durch die bewußte Teufelei genötigt, den Herrn Bräuer für den Mauerschaden verantwortlich zu machen wie auch für die Einbuße im Falle eines Geschäftsrückganges — und weiterhin, daß es angebracht wäre, mit einem lötigen Goldfüchslein, in Klammern 20 Mark, der ohnehin recht schwindsüchtigen Armenkasse wieder ein wenig auf die Beine zu helfen. Und zusätzlich: Im Weigerungsfalle trüge er sich mit dem Vorsatz, in etwa vierzehn Tagen mit dem Herrn Amtsrichter in Vohenstrauß darüber zu reden. Das war nun Pfeffer unterm Schweif des Bräuerrößleins, denn der Ferdl antwortete gleich, sozusagen „postwendend", und dem Brief merkte man wiederum die Lateinschule an, nicht nur an den zierlichen Buchstaben, vielmehr an den Beistrichen und an dem, was hinter den Zeilen hervorspitzte, nämlich ein Schalk, der dem Lipp kund und zu wissen gab, daß er gerade den Biervertrag vor sich liegen habe und überlege, darüber mit Herrn Dr. Spielmann, Rechtsanwalt in Weiden, ein wenig zu diskurieren, denn wie er, der Herr Schwanenwirt wohl wisse, wären die zwei Oldenburger Grauschimmel, so alle vier Wochen aus des Schwanenwirts Krippe fressen, schon seit einem und einem halben Jahre nicht mehr die seinen, habe er sie doch an den Irchenriether verkauft, außerdem trügen auch die Fäßlein, die jedesmal vom Wagen in den Keller gerollt werden, nicht sein, sondern des Irchenriethers Brandzeichen, wovon in den bindenden Vereinbarungen, wie er sehe, nichts stünde und in denen des Herrn Schwanenwirts gewiß auch nicht. Überdies, so schrieb der Bräuer weiter, sei er kein Zigeuner, entstamme auch weder einer Piraten- noch einer Spitzbubenfamilie, und er behalte sich's vor, die „Ehren"-Titulaturen, mit denen er in aller Öffentlichkeit bedacht würde, an den rechten Ort zu bringen, zumal die Zeugen standhielten. Was aber den Wandschaden betreffe, so habe er von vorneherein damit gerechnet. Weiterhin sei er erstaunt, wieso in einem überaus vermögenden Marktflecken die Armenkasse soviel Luft habe, weswegen er dieser Stelle nicht nur einen, sondern zwei Goldfüchse, in Klammern 40 Mark, überweisen ließ.

Mit dieser Retourkutsche hatte der Lipp nun nicht gerechnet und merkte jetzt, daß er an den Unrechten geraten. Und siehe, das Hütlein saß auf einmal wieder merkwürdig fest auf seinem Haarpelz, hatte ja auch die Saaleröffnung sowie der Kirchweihtanz ein gutes Geschäft eingebracht, denn alles wollte den Teufel beim Schwanenwirt sehen. Auch der Herr Pfarrer rückte an und mußte herzhaft schmunzeln. Zu St. Kathrein war's wieder so — und am Dreikönigsfeste sah der Beelzebub auch noch herunter. Der Lipp hatte sich sogar recht schön an den höllischen Hausgenossen gewöhnt und dem Ferdl die Verputzrechnung nicht geschickt, man weiß warum, ja die beiden begruben das Kriegsbeil schneller, als mancher gedacht, denn gleich nach Ostern war's, kehrt der Bräuerferdl wieder zu, diesmal sogar mit dem Kütschlein und seinen zwei schwarzen Juckern, eine fröhliche Auferstehung der alten Freundschaft zu feiern.

„Na, Lipp, wos macht da Teifl?" soll seine erste Frage gewesen sein.

Da hat man den Lipp lachen hören und sagen, es ist verbürgt: „Den? Den hobm ma im Haus, und a(n)bringa taoun ma 'n nimma!"

Und recht hat er gehabt, denn wer gute Augen hat und wenn die Sonne günstig auf der Wand liegt, kann man ihn heute noch sehen.

Gut heimgezahlt

Schlagfertigsein ist eine Kunst, eine ergötzliche und manchmal heilsame dazu, wenns einer kann wie der Bessinger-Schneider zu Amberg, der sich zeitlebens kaum mit der Nadel gestochen und dem eine Spule Zwirn länger gereicht als einem Amtsschreiber ein Faß Tinte. Tat ihm auch nicht not, lebte er doch, wie er vorgab, von seinem Gehalt, besser gesagt von einer Pension gleich einem Beamten im Ruhestand. Freilich, wer dem Kauz aus der Löffelgasse, wo er um die Jahrhundertwende gehaust, in die Steuerkarte spitzen konnte, der wußte Bescheid. Es war nämlich so: Sein verstorbener Onkel, ein gutbepfründeter Pfarrherr, konnte sein ansehnliches Vermögen nicht mit in die Ewigkeit hinübernehmen, mußte es also lachenden Erben hinterlassen. Da er aber seine Vögel nicht nur an den Federn, sondern auch am Gesange kannte, verfügte er über den Anteil des Schneiders dergestalt, daß diesem davon nur eine kleine Monatsrente ausbezahlt werden konnte. Doch der lange, spindeldürre Bessinger wußte mit dem spärlichen Bezuge, der nur eine Zubuße zu einem redlichen Arbeitsverdienst hätte sein sollen, einen kleinen Herrn aus sich zu machen. Wenn er in seiner enganliegenden Röhrenhose, großkariert in Schwarz und Braun, dahergestorcht kam, mit samtner Jacke und einen weitscheibigen Calabreser auf dem Lockenhaupte, sagte jeder, der ihn nicht kannte: Ein Künstler! Er beherrschte einige abgeguckte Allüren recht artig, und weil er neben einem flinken Zünglein auch noch einen guten Witz besaß, ist er trotz seiner geringen Zeche an allen Stammtischen ein gern gesehener Gast gewesen. Wo er auftauchte, da rührte sich was — und die Lacher standen stets auf seiner Seite.

Wieder einmal, es war Ende Juli und ein bärenheißer Tag, die bäuerlichen Bürger der Stadt fuhren da und dort schon ihren Kornsegen ein, und die barfüßigen Gassenjungen tanzten auf dem Pflaster, weil die Steine glühten, hälts den Bessinger nimmer daheim. „Wea kann denn a su a Hitz nu daschnauf'n!" sagt er sich, und nachdem er überschlagen, wo er gestern, vorgestern und vorvorgestern zugesprochen, treibt ihn der Durst auf und weht ihn zum Nabburgertor hinaus und gleich drüben, kerzengerade, zum

Velhorn hinein, der zwar keine große Schenkstube aber einen guten Bierkeller im Hause besaß. Es ist nachmittags, und er gerät dabei unversehens unter die Maurer und Zimmerleute eines Neubaus in der Nachbarschaft, die gerade Brotzeit halten. Wo solche Gäste trinken und schmausen, das gibt ein Geschäft, da rentiert sich's, wie jedermann weiß. Der Velhorn wußte das auch und ist deshalb gewissermaßen auf allen Vieren unterwegs, denn aus allen Ecken schreits „Wirtshaus!" oder „Velhorn, noch einen Preßsack!" und „Max (so hieß der Velhorn mit Taufnamen), g'schwind nu a Halbe, schick di!" Hatte der also keine Zeit, dem von seinem Nichtstun schwitzenden Bessinger große Audienz zu schenken und schiebt ihm so im Vorbeitrubeln ein kellerfrisches Glas Bier hin, daß der Schaum auf den Tisch quillt. Der Schneider netzt zunächst das salztrockene Zünglein daran, zwirbelt sein Schnurbärtchen und wartet, bis die Schaumkrone oder breite Borte, wie man im Bayerischen sagt, zusammengeschwunden. Was aber die Borte betrifft, so steigt sie wohl höher und höher, bleibt aber auf der Hälfte des Krügleins stehen und rückt um keinen Zoll mehr nach oben, so sehr der Bessinger auch wartet und an seinem Zwirbelbarte dreht, bis die beiden Enden gleich Nadeln aus dem Gesicht stechen. Da jetzt der Velhorn grad wieder am Tisch vorbeiwetzt, meint der Schneider: „He, Max, du haoust ma owa daou a g'heriche Bort'n affig'setzt!" zu Deutsch: „Schenk noch ein wenig nach!" Der jedoch in der Hitze seines Geschäfts pfeift nur zurück: „Maoust halt nu a wengl wart'n! As steigt scho nu!" und dachte keineswegs ans Nachschenken, wie's wohl billig gewesen wäre. Jetzt stiegs doch noch, nicht im Bierseidl, aber im Bessinger, der nichts darauf sagt, nur das Gesicht verzieht, als hätte er auf eine fette Fliege gebissen. Bleibt ihm nichts anderes übrig, als seinen Verdruß hinunterzuschwemmen, was er auch tut, und zwar auf einen

Anhieb, nestelt darauf im Westentäschchen herum, legt alsdann ein Zehnerl neben das Glas, steht auf und geht, zornfunkelnd den Calabreser ins Genick stülpend. „Kumm bald wieda!“ schreit ihm der Velhorn nach, sieht aber gleich das Zehnerl und fügt bei: „Bessinger, daou fahlt nu a Pfenning!“ Es war noch in Bayerns glücklichen Tagen, da ein halber Liter Bier nur 11 Pfennige kostete. Dreht sich der Calabreser noch einmal stolz und gelassen um und gibt zurück: „Is scho rächt; steigt scho nu, maoußt halt nu a weng wart'n!“ Und wie immer, auch das Gelächter der Maurer und Zimmerleute stand zu seinen Gunsten. Der Velhorn lachte zwar auch, jedoch es verzog ihm den Mund gar eigentümlich, als habe er jetzt Bessingers Fliege auf der Zunge. Er hat sichs auch gemerkt, und damit er's nicht vergessen, dafür haben schon andere gesorgt, denn des Schneiders Wort ist ein geflügeltes geworden, nicht bloß beim Velhorn, und hat sich lange gehalten. Wenn das Maß zu knapp gegeben, kannst du's heute noch hören: „Herr Wirt“, oder „Fräulein, steigt's noch?“

Ein Meisterstück

Um die Jahrhundertwende hat sich dies zugetragen, erzählt man sich in Amberg, und die Schelme sollen Studenten gewesen sein, welche um die Adventszeit in der Stadt auftauchten, selbstgefertigte Anschläge verbreiteten und Theaterkarten zu einem wie es hieß „ergreifenden Heimatspiel vom Leben der heiligen Familie“ vertrieben. Und weiter, so erfuhr man auch noch, der Erlös fließe einer Kasse für notleidende Studenten zu, was wohl seine Richtigkeit gehabt haben mochte. Kurz und gut, die Werber verstanden sich vortrefflich auf's Handwerk und brachten auf ihr biederes Gesicht hin und durch ihr liebenswürdiges Auftreten, hübsche Kerle waren sie auch, an die dreihundert Karten los, vornehmlich bei angesehenen Beamten und Bürgern, so daß sich das Gastspiel gewißlich lohnte, denn es gingen über 150 Mark ein, womit sich die „Schauspieler“, es waren ihrer nur dreie und — wie man bald mer-

ken wird — waschechte Pfalzler obendrei, in der damaligen Zeit flotte Weihnachtsferien leisten konnten.
Der Tag der Aufführung, ein Sonntag, man sagt der „silberne“, brachte den ersten Schnee, soviel Schnee, daß es die Treppe zum Saal hinauf gewaltig stapfte, als er sich zu füllen begann. Jugend und Alter erschien, und eine gewisse Spannung war nicht zu verkennen. Um 20 Uhr, pünktlich, als wär's mit der Stoppuhr gemessen, bimmelte ein feines Glöckchen; der Vorhang hob sich, und das Spiel begann:

Szenerie:

Eine oberbaierische Bauernstube mit Fenster und Wandschränkchen, Kreuz, Schlüsselrahmen und einem Maßkrug am Nagel, alles auf Leinwand gemalt, sichtlich Theaterrequisit eines Gebirgstrachtenvereins. Davor rechts auf einem eisernen Klappstuhl Maria mit Brille und Strickzeug. Links im Vordergrunde ein niederer Hackstock. Joseph kniet darauf, hält ein schmales Brett fest und schneidet mit einer kleinen Baumsäge ein Stück ab.

Joseph: Hört auf zu sägen und wischt sich mit einem gelben, weißgetüpfelten Taschentuch Stirne und Nakken sowie die wirren Harre und den langen, schwarzen Bart, der mit einem Gummibändchen hinter den Ohren befestigt ist.
Hoaß is's heint — und Durst ho(b) i(ch). I(ch) mächt vagöih, voa(r) la(u)ta Hitz!

Maria: Zöich doch dein' Spenza(r) a(u)s und mach da's bequem.
(Die Rolle mimt ein junger Mann, der mit Fistelstimme spricht.)

Joseph: Kümmert sich nicht um den guten Rat und sägt weiter, um sich nach einer Weile wieder den Schweiß abzutrocknen. Dann zu Maria:

Waou is denn da(r) Baou(b)?

Maria: Ha, i(ch) woiß's niat. Wia(r)d halt dra(u)ß sa a(u)f da Gass' oda(r) drü(b)m ban Nachba(r)n.

Joseph: Hört zu sägen auf und meint:

I(ch) mau(ß) do(ch) amal schaua, waou da(r) Baou(b) blei(b)t, daß ea(r) in nix ei(ni)kummt.

Nimmt Brett und Sägl und geht ab.

Maria: Seufzend:

Ach as is(t) a Kreuz. Da Baou(b) niat daou — und da(r) Alt' kummt a(ch) nimma.

Waou wear(d)'n s' denn sa (sein)?

Steht auch auf und geht mit dem Strickzeug davon.

Hinter der Bühne ertönt, mehr gebrummt als gesungen, eine zweistimmige Melodie, fast klingt sie wie der alte Nachtwächtersang: „Hört, ihr Herren, und laßt euch sagen... !" Das Summen wird leiser... immer leiser... Dann Stille.

Stille und Betroffenheit auch im Saale, Totenstille sogar. Doch allmählich regt sich ein Flüstern; es wird unruhig, dann Gemurmel. Einzelne Stimmen werden laut, alsdann Rufe: „Gemeinheit, Schwindel, Fopperei, Polizei!" Vorne in der ersten Stuhlreihe erhebt sich ein langer, hagerer Herr und steigt zur Bühne hinauf, schreitet über die verlassenen Bretter und verschwindet nach hinten, wo die „unheilige Familie" verschwunden, kehrt aber bald mit lächelndem Munde wieder zurück und verkündet vorne an der Rampe:

„Das Spiel ist aus,
wir gehen wieder froh nach Haus!"

Nun brach's los. Ein toller Wirbel, Schimpfen, Lästern, aber auch Gelächter, das sich dann doch noch durchsetzte, als ein Mann, ein geistlicher Herr sogar, der das Herz auf dem rechten Fleck hatte und Tränen des Ergötzens im Auge, in die Menge ruft: „Warum denn so auf-

regen; wir sind alle hereingefallen, aber es hat keinem weh getan. Verstehen wir doch einen Spaß, einen klassischen Studenten- und Schelmenstreich! Wenn's mir nachginge, bekämen die Brüder noch einen Preis, einen 1. Preis sogar, denn dies war ein Meisterstück!"
Sprach's — und dabei blieb's bis auf den Preis, denn wer hätte ihn in Empfang nehmen sollen; die drei Erzgauner waren schon längst über alle Berge und das Geld dazu, die fette „Theaterkasse".

So gehts auch

Als in der ehemals kurpfälzischen Residenzstadt Amberg mit ihren prächtigen Toren, mächtigen Mauern und ihren ebenso hübschen wie engen und unbequemen Gassen und Gäßchen dem Zuge der Zeit folgend die neue Verkehrsordnung eingeführt wurde, kam um die Heumahd ein Bäuerlein aus einem Juradorfe vorm Nabburgertor an und wollte mit seinem Fahrrad links um die Ecke in die Gasse hineinfahren. Es stieß aber gleich hinterm Torturm bei der Verkehrstafel auf einen Schutzmann, der den Ordnungswidrigen sofort anhielt und auf die Einfahrtsstraße rechter Hand oder vielmehr geradeaus verwies, wo er bis zur Bahnhofstraße, dann erst links zum Rathause fahren müsse und hier wiederum links um die Ecke in die Gasse einbiegen könne, die der unwissende Jurabewohner, der übrigens auch schon draußen im „Wingershof" zugekehrt war, hier vor der Nase hatte — und nicht nur die Gasse, mehr noch, kaum hundert Meter auch das Haus der Base, die er für ein neugeborenes Töchterlein als Patin bestellen wollte. Auf ein paar gute Worte solls mir nicht ankommen, dachte er im ersten Augenblick, vielleicht gehts am Ende doch noch, und komm ich durch, so hab ich einen langen Umweg erspart. Noch war er mit diesem Gedankengange nicht zu Ende, als die verbotene Gasse heraus ein Motorradfahrer daherbrauste und gleich hinterher ein Lastkraftwagen, der um ein Haar die gesamte Breite der Fahrbahn einnahm. Dies kaum gesehen, ging dem Bäuerlein doch das Hütlein hoch.

„Da(ou) häiat si(ch) do(ch) allas a(u)f; wenn d(ö)i assafoah(r)n deam, na(ou) wür i(ch) mit mein Radl wuhl a(ch) einifoah(r)n kinna — dös wa(r) nu schöina!" herrschte er den Hüter der Ordnung an und wollte ohne lange Umschweife wieder auf sein Stahlrößlein steigen, ließ es aber doch gleich sein, als der Hellgrüne mit dem Tschako behende wurde und links nach der Lenkstange langte und mit der Rechten zur Seitentasche, wo ein gewisses Büchlein mit dem Bleistift stak. Und als da das Bäuerlein — weniger in seinem Herzen als im Geldbeutel! — einen scharfen Stich zu spüren vermeinte, gab es klein bei und verlegte sich aufs Bitten, man möge ihm doch das Rad freigeben, denn daheim liege die Frau im Wochenbett und auf der Wiese das schöne Heu, mindestens drei, vier gute Fuder, und wenn auch bei ihm die Einsicht ein wenig spät gekommen sei, so wär sie jetzt doch da, und er wolle sich nun gewiß an alle Vorschrift halten.

Kaum aber konnte er wieder über seine Tretmaschine verfügen, die wohl auch schon manchen Sturm hinter sich hatte, stellte er sie schmetternd an die Wand — und eh sich der Schutzmann und die lachenden Zuschauer versahen, hatte er den Schraubschlüssel aus dem Werkzeugtäschlein und im Handumdrehen das Vorderrad aus der Gabel gelöst. Und das ledige Rädlein unterm Arm und den Rahmen mit dem Hinterrad über den Kopf auf die Schulter gelegt, meinte er pfiffig:

„So — und öitzt wüll i(ch) amal schaua, wos i(ch) mit Ra(d)la niat in döi Gaß eikumm. D'Ha(t)ptsach is(t), daß ma(n) woiß, w(ö)i ma(n) wos a(n)packn m(a)uß!"

Und zufrieden, weil nun doch alles nach seinem Kopfe ging, stapfte der ganz Schlaue gaßeinwärts, der guten Base die frohe Botschaft zu bringen.

Die Amtsmiene

Der kleine, säbelbeinige Sperlbauer ist unterwegs, im Sonntagsstaat, mit Stehkragen sogar, gestiefelt und gespornt also wie ein Hochzeiter. Eine außerordentliche Sitzung des verstärkten Gemeinderats ist einberufen — und dazu gehört auch er. Sechs Wochen streitet man sich um die Instandsetzung eines Verbindungssträßleins, aber die Köpfe wollen nicht einig werden. Man will darum heute mit schwerem Geschütz ins Zeug gehen, um vielleicht doch noch etwas Vernünftiges gewissermaßen unter Dach zu bringen. Der Sperl weiß, es wird hitzig hergehen. Doch er hat sich gepanzert, denn er ist dagegen, man kann sich denken warum, der Kosten wegen, natürlich.
An der Weggabel zum Zengerhof trifft er auf den Bernrieder vom Neuwirtshaus, der denselben Gang tut.
„'s Gott!" grüßt der Bernrieder.
„'s Gott a(uch)!" gibt der Sperl zurück und weiß weiter nichts.
Sie gehen zusammen — fünf Minuten — zehn Minuten — keiner sagt etwas. Es ist heiß, im Haber und im Korn geigen die Grillen, und die Heuhüpfer springen ihnen bis zum Hut hinauf. Der Bernrieder hält die Bruthitze schon nimmer aus, reißt seinen Spenzer herunter und hängt ihn am Weichselstecken über die Schulter.
„Heint, moin i, kummt nu wos", brummt er und schaut nach allen Winden. Aber der Himmel ist blau, vergißmeinnichtblau, und wie ausgekehrt.
„Jetzt hätt' der Sperl doch wenigstens „ja" oder „hm" oder

sonst was sagen können, sagen müssen, überlegt der Bernrieder. Doch der Säbelbeinige stiefelt fürbaß, als wär nur er da, nur er allein, und denkt — denkt sich seine Red' aus. Nach einer Weile wird das dem Bernrieder doch zu dumm. „Häiast", knurrt er hin, „du machst owa heint a wüld's G'sicht!"

Das löst dem Sperl die Zunge. Indem er sich aufbläht wie ein Truterer und in Positur stellt, kommts heraus: „Wiad wuhl sa (sein); grod how i mei Amtsmiena afg'setzt, daß i's niat vagiß, wenn i einikumm — und daß sa si glei askenna und an Respäkt kröig'n vor mein Standpunkt!"

Das billige Testament

Der Doktor, der Apotheker, der Rechtsanwalt und der Notar, so heißts' beim Bauern, sind die teuere Brühe, und darum geht er jedem davon aus dem Wege, wo und solange er kann. Erst wenn nichts mehr hilft, so daß es sein muß, das heißt, wenn ihm das Wasser schon an den Mund reicht, treibt es ihn, sich an berufener Stelle Hilfe, Rat und Recht zu holen. Zuerst aber wird der alte Kuhhirt befragt, oder es muß ein Kurpfuscher herhalten oder auch einer, der sich in den Paragraphen auskennt. Wenn's gut tut, warum nicht; es gibt auch darunter kluge Köpfe, denn jeder sucht seinen Vorteil zunächst da, wo der Aderlaß am geringsten ist, muß doch jeder Bauerntaler sauer verdient sein, darum er auch so schwer wieder aus dem Sacke geht, wenn er einmal drin ist.

Beim Götz von Loch, unweit Königstein, der „Loch von Götz" wurde er allgemein genannt, war's auch so. Sein richtiger Name ist Schwanenburger gewesen. Dieser kleine, ein wenig krummbeinige Fuchs konnte weder lesen noch schreiben. Da er sich darüber im Geheimen doch schämte, bei Amt oder sonst einer öffentlichen Stelle statt des Namens die üblichen drei Kreuze unter ein Schriftstück zu setzen, erfand er sich eigens einen kunstvollen Schnörkel, den er lange mit Fleiß und Sorgfalt einübte und dann sauber zu Papier bringen konnte. Und wenn auch der Herr Landrat manchmal meinte, das könne doch kein Teufel lesen, so focht das den Götz in keiner Weise an; die Hauptsache war ihm, daß er rechnen konnte, rechnen wie kein zweiter, so daß er jeden, der mit ihm zu tun hatte, und dies ist seine Stärke, sein Stolz und sein Ansehen gewesen, unter den Tisch rechnete, ohne Papier, Blei oder Tinte. Ob's um einen Vorschuß ging für einen Knecht oder um die Einnahme für ein Ferkel, oder auch nur um den Erlös von ein paar Eiern, es kam ihm kein Groschen aus, kein Heller. War ein Monat um, so diktierte er jedesmal seinen Überblick, und es fehlte kein Pfennig.

„Daou maou ma's drin ho(b)m.. daou!" sagte er oft und deutete dabei an die Stirne.

Als es soweit war, daß er sich zur Ruhe setzen mußte, hatte er sich ein schönes glattes Sümmchen auf die Seite gerechnet, was er wohl wissen ließ, über die Höhe des Betrages jedoch bewahrte er tiefes Schweigen. Und wenn ihn der Sohn oder die Schwieger dann und wann in einer guten Stunde anzubohren versuchten, blinzelte er nur vielsagend und lächelte wie ein Schalk, brummte etwas und kratzte sich hinter den Ohren, ganz gleich, ob sie zuviel oder zu wenig rieten. Oh! der Loch war schlau, ließ sich nicht hinter die Karten schauen, als Ausnahmebauer erst recht nicht.

„Wer Geld hat, wird geehrt;
wer nichts hat, nur beschwert!"

sagte er sich und hielt sich bei Würde und Gewicht.

Als er aber doch allmählich inne wurde, daß es sich mit dem Leben umgekehrt verhalte wie mit dem Geldsacke, der wuchs und wuchs, indes jenes zusehends schwindet und sich auf die schon gezählten Jahre weder Zins noch Zinseszins schlägt, wurde er unruhig, denn einmal mußte der Säckel doch wohl geteilt werden. Damit nun alles genau nach seinem Willen in die rechten Hände und Taschen komme, entschloß er sich, sein Sach zu bestellen und ein Testament zu machen. Doch der Herr Notarius verlangte ihm zuviel. Einen solchen Batzen Geld für ein paar Federstriche, meinte er, das hielte der stärkste Mann nicht aus.

Nach langem Hin und Her brachte er in Erfahrung, daß auch Bürgermeister und Gemeindeschreiber, wie's dort und da schon vorgekommen, ein gültiges Testament ausgefertigt hätten. Machte sich also der Loch an einem Sonntag nach der Kirche an den Herrn Kantor heran, der zugleich auch den Dienst des Gemeindeschreibers versah, und redete ihn verstohlen an:

„How i g'häiat, du kannst a Testament mach'n?"

„Ja", sagte der, „das könnte ich freilich."

„How i g'häiat, ba dir kost's niat vül?"

„Ja", meinte der Kantor wiederum, „das kostet freilich nicht viel, aber es müßte der Herr Bürgermeister mit einem Beigeordneten zugegen sein, und vor allem ließe sich das nur dann machen, wenn er, der Schwanenberger, schon auf dem Todbett läge, was er ihm nicht wünsche, im Gegenteil, er gönne ihm noch ein recht langes und gesundes Leben."

„Su is dös? Öitza!" sagte jetzt der Loch stirnrunzelnd und zog den Mund zusammen wie einen Zugbeutel, wobei er einen feinen Pfiff ausstieß, und war sehr enttäuscht, darauf er sich bedankte, entschuldigte und nachdenklich davontrollte.

Vierzehn Tage später, als der Herr Kantor gerade ein saftiges Schweinebrätlein mit Reiberknödeln genossen und eben im Begriff stand, dem vielen Fetten noch eine bekömmliche Maß Kommunbier nachzugießen, scheppert die Hausglocke. Und draußen steht der Schwanenberger-Knecht mit dem Gaul und dem Steirerwägel und meldet, der Alte liege im Sterben, und der Herr Kantor und die anderen Herren möchten halt gleich kommen, gleich mit aufsitzen, denn es sollte noch ein Testament gemacht werden, eh' ihm die Augen für immer zufallen.

„So geschwind geht's im Leben", dachte der Herr Kantor, „wie wenn er's schon vor vierzehn Tagen gespürt hätt'!" und lief, die beiden anderen Amtspersonen auf die Beine zu bringen. Als sie in Loch eintrafen, fanden sie das ganze Haus in Hast und Aufregung und in der Ausnahmestube den Alten in der Bettstatt liegen, erbärmlich elend, so daß der Bürgermeister flüsterte:
„Schickts enk, Manna, sinst stirbt ar uns unta da Hend!"
Die Zudecke bis über die Nase hinaufgezogen, von der rechten Hand spitzten nur vier Finger heraus, und die Stirne mit Schweißtropfen betupft, lag er da, der Schwanenberger, und gab kaum ein Lebenszeichen von sich, brachte kein Auge mehr auf und kaum einen hellen Laut über die Lippen, antwortete überhaupt erst nach vielem Bemühen und dann nur heiser hauchend und stockend, so daß es ein mühseliges Testament wurde, darüber auch die drei Amtsverwalter warm wurden und gottsfroh waren, als der Loch, geführt von der Hand des Bürgermeisters, zum ersten Male in seinem Leben! nur drei Kreuze unter das Dokument gekritzelt hatte.
Mit den aufrichtigsten Wünschen, der Kranke möge sich vielleicht doch noch einmal „z'sammrauf'n", empfahlen sich die Amtsmänner wieder, aufatmend und eilig, das Haus mit dem Tod in der Kammer schleunigst wieder hinter sich zu bekommen, denn mit dem Klappermann lebt keiner gern unter einem Dache.
Inzwischen hatte sich die Nachricht vom unerwarteten Hinscheiden des „Loch von Götz" wie ein Lauffeuer verbreitet. Er wäre doch noch so gut auf den Beinen gewesen, habe einen so gesunden Appetit gehabt, und auch am Durst hätte es nicht gefehlt, was zuletzt doch wohl das sicherste Zeichen einer dauerhaften Gesundheit sei, meinten Freunde und Bekannte, und das Kopfschütteln und Verwundern war groß.

„Nur sein G'mürk häit i hob'm mög'n!" sagt selbigen Abends der Herr Bürgermeister am runden Tisch im „Weißen Hirschen" und zählt dem Herrn Kantor und dem Beigeordneten die Spielkarten hin. „Er wär'", behauptete der Herr Kantor, „wär' bestimmt ein mathematisches Genie geworden, wenn er an einer hohen Schu.."
Weiter kam er in seiner Rede nicht mehr, denn es war langsam die Türe aufgegangen und herein füßelte... ja, wer? Der Hausvater kam aus der Schenke gesprungen, dem Herrn Beigeordneten fielen die Karten aus der Hand, und mit dem Rest, den er gerade austrinken wollte, stellte der Herr Bürgermeister den Krug wieder hin, gar nicht zu reden vom Bader Heinrich, der in diesem Augenblick eine Gabel Sulzfleisch im offenen Munde hatte und aufs Kauen vergaß, denn wer da ankam, war kein Geist, nein, war niemand anderer als der „Loch" selber in leibhaftiger Gestalt, war wirklich der Schwanenberger, der einen Weichselstock an den Wandnagel hing jetzt und seinen abgeschabten Hut dazu, der „Götz von Loch", gesünder und munterer den je.
Und freundlich grüßend nach allen Seiten hin und geradeso, als ob nichts vorgefallen wäre, trippelt er bedächtig auf den Stammtisch zu, auf die Herren dort, die wohlbekannten, welche, schad dafür, ihre eigenen Gesichter jetzt nicht sehen konnten, und flüstert auf den Tisch hinein:
„Marg'n meine Herrn, kumm i scho und mach' mei Schuldigkeit!"
Wie der Herr Kantor halblaut hinbrummelt:
„Freunderl, dir werd'n d' Aug'n noch aufgeh'n!" so wie sie vorhin ihm selber aufgegangen sind, hört der Loch nicht. Er setzt sich in die Ecke und trinkt ein Krüglein aus... und noch eins... und noch ein drittes, hat noch oftmals den Steinkrug gehoben, bis es für ihn endlich an der Zeit war, die schöne Welt und den lieben Geldsack für immer

zu verlassen. Daß er aber doch noch ein richtiges Testament haben mußte, nämlich eins vom Notar, so daß er also für eine Sache zweimal zahlen mußte, das erfuhr er an diesem Abend noch nicht, erfuhr er erst später, denn jedermann weiß, ein Nottestament gilt nur, wenn der Erblasser mit dem Tode abgeht. Und das war die Vergeltung der Herren, die den Loch grausam wurmte — und war ihm ein peinlicher Fehler, das einzige Mal in seinem langen Leben, daß er sich wirklich verrechnet hatte.

Schwieriges Testament

Der Dorschenbauern-Uli, im Taufbuch hieß das Ulrich, hat schon vorm Sechziger das Zeitliche gesegnet. „Auszehrung" stand im Sterbematrikel, „Tbc" würden wir heute dazu sagen. Kurzum, als es soweit gewesen, daß man voraussehen konnte, so und so lange würde er's noch treiben, bekams die Sabine, was seine zweite Frau war, mit der Angst zu tun, denn es waren ja auch noch von der ersten vier bereits erwachsene Kinder da. Sie wollte sich also ihr Dasein auf dem Hofe sichern und benzte deshalb solange an Uli hin, bis er endlich ja sagte zu einem Testament. Der Notar kam — und es konnte losgehen; so eilig hatte es Sabine. Erst sah der Notar sie fragend an und dann den Uli, sam, können wir beginnen oder soll die Ehegsponsin verschwinden? Nachdem aber Uli kein Zeichen gab, wollte es ihm recht sein, und er machte sich zum Schriftsatz fertig, indessen sich Sabine zu Füßen auf Ulrichs Bett setzte. Doch die Amtshandlung kam nicht in Fluß, denn Sabine fand immer wieder ein Wenn und Aber, den Willen des Sterbenden in ihrem Sinne umzustimmen, so daß es ein schwieriges Testament wurde und dem Herrn Notar der Unwille aus dem Gesichte abzulesen war. Sie versuchte gerade wie-

der in einen Satz hineinzugackern, der klar und eindeutig formuliert war, da packte den Uli ein jacher Zorn. Als wär der Teufel in ihn gefahren, fuhr er hoch und aus den Kissen, erwischte das Tischbein und riß den Tisch an sich heran, daß der Herr Notar seine Müh und Not hatte, das Tintenfäßlein zu bergen. Dann schlug er mit all seiner schwindenden Kraft auf die Tischplatte und schrie oder vielmehr keuchte: „Elendische Bisgurn, wüllst öitza 's Ma(u)l halt'n oda(r) niat!? I(ch) stopf da 's mit an Fechhoda(r)n zaou! Übaha(u)pts mächt i(ch) wiss'n, wea(r) iötza daou stirbt: Du oda(r) i(ch)!?"
Das half; Sabine fuhr zur Türe hinaus wie ein Besen. Uli hatte seine Ruhe, der Notar auch — und nun wurde es ein Testament, ganz nach dem Willen des Sterbenden.

Gori und Gabi

Was du nicht selber tun kannst, ist gar oft nur halb getan, und wer seinen lieben Mitmenschen allzu sehr vertraut, wird immer irgendwie betrogen.
Auf ganz ergötzliche Weise erfuhr dies gegen Ende der achtziger Jahre ein biederer Pfarrherr im Oberpfälzer Walde, der zur Bewirtschaftung seiner ansehnlichen Pfründe zwei aus dem Böhmischen zugewanderte Gesellen als Knechte einstellte, arge Schelme, welche in der geistlichen Küche warm saßen und auch sonst wußten, wie sie ihrem Brotherrn um den Bart gehen mußten. Sie konnten arbeiten wie die Stiere, wenn sie einen guten Tag hatten, konnten pfeifen wie zwei Zeisige und singen, daß es eine Art hatte. Und saubere Burschen waren sie auch, rank und nicht verschnitzt. Ansonsten aber mußte man schon der Ansicht der Leute beipflichten, die der Meinung waren, der Kuckuck hätte keine schöneren Brüder zusammenführen können als

den Gregor und den Gabriel, oder wie man dortzulande sagt: Gori und Gabi. Und wer wissen wollte, welchem der Schalk dicker hinter den Ohren sitze, der hätte alle beide nur in einen Sack tun und dann blindlings oder bei stockfinsterer Nacht hineinlangen dürfen, er hätte gewiß immer den rechten erwischt.
Einmal, an einem gar lieblichen Lenztage um Lätare herum, mußten diese Galgenstricke einen Acker ihres, wie sie sagten: „gnädigen Herrn" bestellen, auf daß des Himmels Segen darauf wachsen und gedeihen könne, denn bekanntlich gibt unser Herrgott wohl die Kuh, aber nicht den Strick dazu. Nun aber hatte besagtes Stück Feld, gemeiniglich nur das „Lange Elend" geheißen, seine Sonderheiten, die weder dem Gabi noch dem Gori gefielen; denn erstens zog sich der Acker wie ein Katzendarm in die Länge, und zweitens lag er über einem Hügel, so daß also in der Mitte ein Bukkel war, der am Anfange nicht das Ende und am Ende keinen Anfang blicken ließ, weswegen böser Mund die Pfründe auch das „Krumme oder bucklige Elend" nannte. Cerberus, des Pfarrherrn geruhsam Rößlein, von dem die Rede ging, es wäre schon Anno siebenzig als Kanonengaul beim Einzuge in Paris mit dabeigewesen, hatte die Egge bereits etliche Male den Buckel hinauf und hinunter gezogen, da kamen die beiden Kunden allen Ernstes auf den spitzfindigen Einfall, den langweiligen Weg hin und her dem Roß allein zu überlassen. Gesagt, getan — und also begab sich der eine über den Hügel an das Ende des Ackers, um dort das Pferd mit seiner Egge zu wenden und es dem Gori (es kann auch der Gabi gewesen sein!) zurückzuschicken, der seinerseits dasselbe zu tun hatte. So zog nun das Rößlein zwischen den beiden Halunken hin und her und brauchte sich nun viel weniger zu beeilen als vordem — und auch der Stockhaber fiel nur mehr ganz spärlich auf seinen bejahrten Rücken. Eine Weile

ging das wie am Schnürchen: Hatte Gori das Seine getan, Egge und Roß gewendet und hüh gerufen, dann kam Gabi an die Reihe. Doch der Veteran mochte wohl auch seine Gedanken im Kopfe gehabt haben, die zu dämmern begannen und ihm langsam seiner Freiheit bewußt werden ließen; denn just, als er die Höhe wieder erreicht hatte, blieb er unversehens stehen und rührte sich nicht mehr von der Stelle. Wie ein Standbild ragte er in den Himmel, ein erzenes, hätte man glauben können, wenn der flatternde, peitschende Roßschweif nicht gewesen wäre. Dies sah der Gabi, und der Gori sahs auch — und einer so gut wie der andere — aber keiner fand sich betroffen, den alten Cerberus wieder in Gang zu bringen, denn jeder meinte, vom Buckel an stünde die Befugnis, am Eigensinne des Rößleins zu rütteln. dem anderen zu. Der Gori wartete, daß nun der Gabi auf dem Hügel erscheine, den ungetreuen Diener anzufeuern, indes dieser hinwiederum auf das Eingreifen des Gori rechnete. Eine Zeitlang harrten beide in Geduld, schließlich ärgerten sie sich, Gori über den Gabi und umgekehrt Gabi über den Gori, am Ende aber trieben sie ihre Schnitzköpfigkeit so weit, daß das Rößlein völlig verwaist zwischen den Meinungen seiner Hüter stand, die, um ihrem Eigensinn noch die Krone aufzusetzen, gar bald in ein gesundes Schläfchen fielen.
Was im Hirn eines alten Soldatengauls vor sich geht, bleibt menschlicher Neugier dunkel — jedenfalls hat es dem Cerberus eine gute Weile ausgezeichnet auf dem Buckel des „Krummen Elends“ gefallen, denn er hat ein paarmal hell und kräftig gewiehert, daß es weithin scholl. Jugendlich, feuerig schmetterte der alte Klepper seinen Ruf übers Land hin. Dann aber, als weder Gori noch Gabi ein sichtbares Zeichen von sich gab — es mag auch sein, daß die Erinnerung an die gewohnte Futterkrippe nachgeholfen hat — bekam die Roßgeduld einen Riß. Cerberus begann

erst ein wenig zu tanzen, dann zu stampfen, zog darauf die Egge zweimal, dreimal im Kreise herum, tat hierauf einen zornigen Satz und wandte sich ohne Umschweife heimzu, zunächst gemächlich aber in einem gelinden Schweinstrab, der jedoch zuletzt in einen wilden, wüsten Galopp ausartete. Die Egge klirrte und die Funken stoben — und der biedere Pfarrherr, aufgeschreckt von solchem Getümmel, war nicht wenig erstaunt, seinen getreuesten Diener, den er eigentlich nur mehr im Gnadenbrote behielt, so mir nichts dir nichts, schnaubend und pustend vor dem Fenster zu finden.

Wenig Gutes ahnend und verärgert, daß ihm der böse Feind wieder einmal alle seine sinnreichen Gedanken, die er sich eben zu einer frohen Osterbotschaft zurechtlegen wollte, durcheinanderbringe, machte sich eilends auf die Beine, um beim „Langen Elend“ nach dem Rechten zu sehen.

Ein wunderlicher Zufall wollte es, daß er mitten auf dem Wege, kurz bevor er nach seinem Grundstück einbog, eine Peitsche fand, die er als seine erkannte und die sein Rößlein am Kummet stecken hatte und durch irgendeinen Umstand herausgefallen sein mußte. Und als er ein Stücklein weiter schon auf den ersten der Schläfer stieß, der mit einem zierlichen Grashalm im Munde — Gott weiß wo! — ackerte, brauchte er ihn nur umzuwenden, um ihn seine Meinung fühlen zu lassen, wobei er noch mündlich anfügte, daß ihm ein solcher Knecht gestohlen bleiben könne, und weiter, er solle nur gleich verschwinden und wieder dahin gehen, woher er gekommen sei. Sprachs — und wandte sich mit wehender Sutane, die Peitsche auf dem Rücken und zornrot im Gesicht, dem Buckel zu, um auch dem andern Halunken Gerechtigkeit widerfahren zu lassen. Der, noch mehr erstaunt und völlig wie aus allen Wolken gefallen, riß die Augen sperrangelweit auf ob solch ab-

sonderlicher Löhnung, die der wackere Dienstherr — und wer wollte es ihm verargen! — reichlich bemessen hatte. Mit der recht unheiligen Weisung, er möge sich zum Teufel scheren und — falls er den Weg dahin nicht wisse — brauche er nur seinem sauberen Kumpan nachzulaufen, der

schon unterwegs sei. Und somit war auch Gabi ins Ungewisse gesetzt.
Doch es wird niemals eine Suppe so heiß gegessen als gekocht — und so ist weder Gori noch Gabi zum Teufel gefahren, denn der erboste Pfarrherr, der sich oft heimlich an den Spässen und Streichen seiner Gesellen ergötzte, konnte einer milden Regung seines Herzens nicht widerstehen und sie aus dem Brote jagen. Aber selbigen Tages, das sei noch berichtet — ist noch nicht Feierabend gewesen. Es wurde nocheinmal eingespannt und ausgerückt, doch diesmal zu dreien; der Gori führte den Cerberus, der Gabi die Egge — und hinterher ist der Pfarrherr (Gott hat ihn selig!) mit der Peitsche geschritten, und es wird wohl wahr sein, daß das „Krumme Elend“ noch nie so sauber und so geschwind geeggt wurde wie selbigesmal.

Auf der verkehrten Seite

Wenn jemand schielt, was im Leben öfters vorkommt, so ist das wohl ein kleiner Schönheitsfehler, sonst aber nicht weiter hinderlich. Eigenartiger und im Vorkommen gewiß auch seltener sind zwei ungleiche Augen, wenn zum Beispiel das eine etwa blau und das andere dunkelbraun ist.
Beim Metzgermeister und Gastwirt Xaver Bindler in Rosenthal traf beides zu, so daß also, angenommen, er ging nach Girgenberg ins Gäu, das schwarze Auge auf der Straße blieb, während das graublaue immerzu den Straßengraben absuchte, den linken oder rechten, je nach dem es auf dem Hinwege oder heimwärts war. Ist aber durchaus kein Nachteil gewesen, der ihm Schaden gebracht hätte, obwohl er darob manchmal ein wenig gehänselt wurde. Hats ihn anfänglich auch verdrossen, mit der Länge der Zeit hörte er gar nicht mehr hin, denn zuletzt gewöhnt sich der Mensch

an alles, an die Licht- und an die Schattenseite des Lebens.

Nur einmal hat ihm das angeborene Mißgeschick bös zugesetzt, nicht daß es ihn erzürnte, denn dazu war der Anlaß nicht angetan, aber es gab ihm doch einen argen Stoß, den er zeitlebens verspürte.

Und das war, als er mit seinem neuen Gesellen, den ihm der Schwager drüben im Egerländischen ausgemittelt hatte, zum ersten Male schlachten mußte, nämlich einen Ochsen, wobei der Gehilfe das Tier bei den Hörnern halten sollte. Nachdem alles zugerichtet und das Vieh festgebunden war, faßte der Geselle kräftig an, damit es nicht mehr ausweichen könne. Als aber der Bindler die schwere Axt zum Schlage hob und schon zielte, um sie auch richtig niederzuschmettern, ließ der Franz, so hieß der Gesell, die Hörner fahren und sprang entsetzt zur Seite. Fragte der Meister verwundert, warum dies gesehen — und ob er wohl ein Narrenspiel mit ihm treiben wolle. Fragte der Gesell, dem auf einmal das Herz wie ein Kälberschwänzchen im Busen schlenkerte, stotternd zurück:

„Meister, haut ihr auch dahin, wo ihr mit dem scharfen Auge (gemeint war damit das schwarze!) hinschaut?"

„Ja, wohin denn sonst?" stieß der Bindler ärgerlich heraus, indem er die Axt schon wieder heben wollte.

Bat darauf der Gesell allen Ernstes:

„Dann, Meister, ich bitt euch recht schön, laßt mich da stehn, wo der Ochs steht!"

Jetzt stieg dem Bindler das Blut in den Kopf, und dann verfärbte er sich und ließ die Axt fallen — und hob sie nicht wieder auf, sondern verschwand und ließ sich nimmer blicken, hat auch nie mehr einen Ochsen oder eine Kuh geschlachtet, das mußten von der Stund an die Gesellen mit den Lehrlingen selber tun.

Auch ein Standpunkt

In einem Dorfe des nördlichen Böhmerwaldes sollte einmal ein Bäuerlein für seine Frau ein Pfund Pressack vom Markte mit heimbringen, weil ihr sehr darnach gelüstete. Längstens bis gegen Abend sei er wieder zu Hause, meinte dieser biedere Ehemann, als er sich frühmorgens auf die Beine machte. Aber seine Handelsgeschäfte in dem fast zwei Stunden entfernten Marktflecken, es war gerade Viehmarkt, zogen sich bis über die Mitternacht hinaus, denn im „Roten Ochsen" war man für diesen Tag besonders gerichtet, so daß es hoch herging, man weiß schon wie. Als es dann doch Zeit wurde zum Heimgehen, ließ er sich vom Wirt ein schönes Stück einwickeln, eins vom geräucherten Schwartenmagen, das er bedächtig in seine Brusttasche schob.

Auf dem Heimwege, es ging noch einer mit ihm, meinte er plötzlich, einen brennenden Hunger zu verspüren, so daß er bald den Stecken zwischen die Knie nahm, nach dem Pressack langte und gierig hineinbiß — und noch einmal hineinbiß — und schließlich die ganze Hälfte verschlang. Da aber im Weitergehen der Hunger immer noch in ihm schrie wie ein Wolf, so sagte er wenigstens, blieb er wiederum stehen, langte nochmals in seinen Spenzer und sah das übriggebliebene Stück eine Weile gedankenvoll an, der Mond schien auch darauf, und meinte dann:

„Ach wos, Maa und Wei san a (ein) Lei!" und würgte auch dieses Stück noch hinunter, seinen Indruck zu stillen.

Spuk

Es ist damals weder das erste noch das letzte Mal gewesen, daß der alte Weißensteiner den „Wilden Jäger" beschworen und einem das Gruseln beigebracht hat. War diese Geister-

beschwörung auch von besonderer Art, die er, wohlgeübt, mit seinen Ältesten, zwei Prügel-Mannsbildern trieb und auch treiben konnte, denn ein Einödhof hat seine eigenen Gesetze, die nicht in München oder sonstwo gemacht sind, und war es auch ein offenes Geheimnis, wer hinter dem Spuk steckte, es fanden sich immer wieder Esel, die sich aufs Eis führen ließen, und nicht umsonst, wenigstens für den Weißensteiner. Diesmal ist's der Neuhauser, der ihm auf den Leim geht, von dem er übrigens noch was einzubringen hat, von einem Kuhhandel her, der nicht ganz sauber gewesen. Sowas spießt sich in einem Bauernschädel — und erst recht in einem solchen, wie ihn der Weißensteiner aufhatte.
So acht Tage vor Kathrein kommt also der Neuhauser spät am Abend von Vohenstrauß her die Galgendraht herauf, nimmer ganz nüchtern zwar, aber doch noch recht manierlich auf den Beinen, und muß am Weißensteiner Hof vorbei, weil's Sträßl da vorübergeht. Und da ihm die Zündhölzer ausgegangen, denn eine würzige Pfeife böhmischen Dreikönigs-Tabaks, welcher ihm nie ausging, Gott weiß, wie und woher er den immer bekam, ist einem nächtigen Wanderer als Begleitung soviel wie ein treues Seelchen, kehrte er beim Weißensteiner, kurzentschlossen, zu. Der Weißensteiner hat anfangs große Augen gemacht über den seltenen und späten Gast, schon vonwegen der Kalbin seinerzeit, ist aber dann recht zutunlich und läßt sich auch nichts merken, so daß aus dem Pfeifenanzünden mehr wird als gemeint. Er hatte, so schiens wenigstens dem Neuhauser, einen guten Tag, denn er stellt gleich einen scharfen Nußgeist auf den Tisch, zu dem er nicht nein sagen kann — und weil die zwei Ältesten auch noch am Tisch sitzen, sie hatten mit dem Alten tarockiert, wird jetzt ein Schafkopf daraus, ein ganz wilder sogar, der kein End mehr nehmen will, so daß die Mitternacht herankommt. Der Neuhauser hats nicht gemerkt und wär' wohl bis zum Morgen geblie-

ben, stand er doch im Verlust, den er unbedingt wieder wettzumachen gedachte, obwohl die Unter und Bauern soviel gegen ihn standen. Aber noch ehe es die Geisterstunde von der Wanduhr schlägt, zwinkert der Weißensteiner seinen Buben, darauf sie Schluß machen und „Gute Nacht!" sagen. Sie gehen aber nicht ins Bett, wie man meinen sollte, sondern die Straße hinunter bis an den Waldrand, wo das Weiherlein davor liegt, ein winziger Gumpen bloß, von dem gesagt wird, er beherberge einen verwunschenen Jäger, der nächtens aus dem Wasser steigt und den einsamen Wanderern seinen feurigen Kopf vor die Füße rollt. An so etwas denkt der Neuhauser nicht. Aber der Weißensteiner meint, als er seinen Gast vor die Tür bringt:

„Hoffentli fürchst di niat, wenn's umgöih sollt drunt'n am Weiherl!"

Da lacht der Neuhauser bloß und stolpert auf die Straß hinaus, heimzu durch die Finsternis, denkt nicht viel, brummelt nur vor sich hin wegen der verspielten Taler, die ihn wurmen, und stiefelt seinen Paß weiter. Das Sträßlein fällt bald scharf zu Tal — und je tiefer es geht, desto mehr kommt ein leichter Nebel auf. Warens sieben, warens zehn Minuten, länger ist das Wegstück bis zum Waldrande nicht, eine scharfe Wegkrümmung liegt noch davor und die ersten Bäume des Hochwaldes tauchen aus dem Dunst, da schreit droben vom Weißenstein her der Uhu herunter, daß es schaurig hallt und wiederhallt. Der Neuhauser erschrickt zwar, es kümmert ihn aber nicht viel. „Schrei zaou Laouda!" knurrt er bloß und will weiter. Doch da geht's vorne schon los; rechts beim Weiherl hebt ein Spektakel an, daß es ihm die Gänsehaut aufzieht. Als ob einer auf einem groben Blechhobel Knochen reibe und wie wenn eine alte Muttersau dazwischengrunze, so tuts. Dem Neuhauser gibts einen Ruck und es überläuft ihn eiskalt. Die Knie schlottern ihm. Er will zwar, aber er kann nimmer weiter, keinen Schritt. Als wär er angespießt, so steht er und lust. Da, auf einmal lichtelt's im Weiherl, und gleich drauf pludert sich was auf wie ein feuriger Uhu und hüpft hin und her, über den Gumpen hinweg, über die Straße, ganz langsam jetzt, und ist plötzlich weg. Es mag wohl von den brenzlichen Gestank gekommen sein, den's herüberweht, daß ihm der heilige Florian einfällt, den er anrufen will und um Hilfe schreien, schreien, was nur herausgeht, doch er kann nicht, denn es ist ihm, als wär der Schlund zugewachsen. Aber der Bann in den Beinen hat sich verzogen, so daß er imstande ist, wenigstens zu laufen — und das tut er jetzt, den Berg wieder hinauf, so gut er's vermag. Als wär der Leibhaftige schon hinter ihm her, mit dem Weichselstecken unentwegt hinter sich schlagend und fuchtelnd, falls der Höllische nach ihm fassen wollte, rennt er wieder auf den Weißenstein zu. So kommt er schweißtriefend und käsweiß vor dem Hoftore an, wo der Weißensteiner schon auf der Lauer steht und nichts gesehen und gehört haben will, gar nichts, auch den Uhu nicht, und sich nur wundert, daß der Wilde Jäger jetzt schon wieder anfange, nachdem er doch in letzter Zeit Ruhe gegeben — und weiter, der Geängstigte möcht doch seine Worte sparen, denn, so meint der Alte Fuchs, wo man dem Nächsten aus der Not helfen kann, tut man's, worauf er seinen Hut holt und eine kleine Mistgabel faßt, dem Verstörten ein sicheres Geleit zu geben. So gehen sie also jetzt zu zweien, der Neuhauser immer ein wenig hinterher, und es ist gut, daß er des Weißensteiners Gesicht nicht sehen kann, der gar ein bißchen spöttisch wird und meint:

„Häiäst, Hias (so hieß nämlich der Neuhauser), i moin allaweil, du haoust die g'irrt!"

„Ausg'schlossen, hell-löichti is 's üwan Wech pfludert!" flüstert dieser seinem Schutzgeist von hinten in's Ohr. In diesem Augenblick schreit der Uhu wieder, zweimal sogar und jetzt von unten.

„Hurch, häiast d' as!“ tuschelt der Neuhauser. Und richtig, an derselben Stelle wie vorhin geht's wieder los, noch fürchterlicher als zuvor.

Sie bleiben stehen und dem Neuhauser geht ein Wind ab, daß man's weithin hört. Der Weißensteiner merkt jetzt, woran er ist, und setzt jetzt ein:

„Wennst wos af dein'm G'wissen haoust, kumm ma ahne Opfa niat vabei: Drei Tala füa die arma Sell'n! In Namen des Vatas, des Sahnes und des haling Geistes! Schick di!“

Der Weißensteiner hat genau im Kopf behalten, was der andere noch im Zugbeutel bei sich trägt und seine Rechnung danach eingerichtet. Er zieht jetzt, dieweil der Wilde Jäger immer noch gröhlt, einen Fetzen Papier aus dem Spenzer.

„So“, sagt er dann, „des Geld möin ma öitztat af d' Straouß doaleg'n.“

Der Neuhauser tut einen schrecklichen Seufzer, man weiß nicht, aus Angst oder des guten Silbers wegen, blecht aber doch, denn: hilf was helfen mag! Und während der Weißensteiner einen Taler in seinen Sack verschwinden läßt, die beiden anderen in den Zeitungsfetzen wickelt und auf den Weg niederwirft, flackert das unheimliche Licht wieder auf. Da faßt der Neuhauser seinen Beschützer am Arm und läßt nimmer los jetzt. Der aber stellt sich nun in Positur, läßt den Spuk noch ein wenig tanzen, schlägt darauf ein mächtiges Zeichen in die Luft, mit der Linken natürlich, weils rechts nichts hilft, und schreit dann hinunter:

„Höllischer Höllteif'l,
zöich ein dein feieringa Schweifl,
lösch Schwefl und Pech
und göih oara vom Wech!“

Da tuts auch schon einen Brüller wie von einem röhrenden

Hirsch, worauf das Feurige ins Weiherl zischt — und aus ist's und alles mäuserlstad.
„Gottes Gnad und Wunda!“ stöhnt der Neuhauser, aber der Weißensteiner hat ihn schon beim Wams und fängt mit ihm zu laufen an, daß es dem Verstörten den Schnaufer verschlägt, und treibt ihn noch mehr an, bis sie den unheimlichen Ort hinter sich haben und auch am „Großen Herrgott“ vorbei sind, einem mächtigen Waldkreuz, bei dem es auch umgehen soll, und läßt ihn erst los, da schon der Wald aufhört.
Sie keuchen alle beide und müssen erst verschnaufen. Der Neuhauser findet zuerst die Red' wieder: „Häiast“, meint er, „ma Hemad is windlnoß“, worauf der Weißensteiner, der einen seltsamen Geruch wahrnimmt, zurückgibt: „Wenn nea sunst nix passiert ist; owa i fürcht' ... !“ Und weiter: „Daou siahst d' as öitza, wennst mi niat g'hatt häist, i garantier, dea häit di heint nacht g'hult!“ „Moinst?“ stottert der Neuhauser heraus, dem die Hatz immer noch an der Gurgel drückt und der dasteht fast zum Erbarmen. Der Weißensteiner sieht's und denkt sich, es langt, muß ihm aber doch noch einen Deuter geben:
„Ja, ja, Hias, su kummt's, wenn ma hint' und voarn niat sauwa is; owa öitzt woißt d'as — und taou d'as mürken, wennst wieda amal a Kalb'm ..., vastäihst? Und naou kumm goaut ham!“
Sprach's und ließ den Schlotternden stehen und wandte sich wieder in den Wald, denn es wurde kühl jetzt und er hatte ja auch geschwitzt, nicht nur der Neuhauser allein. Dort warteten schon seine beiden Sprößlinge und Spießgesellen mit den Gießeimern und Raspelhölzern, dem Werch und der Pechschnur und jeder auch mit seinem Taler, dem wohlverdienten Geisterlohn, will doch in dieser Welt alles bezahlt sein und ist nichts umsonst, nicht einmal der Tod. Und hier war's bloß der Schrecken.

„Owa den ho(b)m ma kuriert!“ feixte der Alte zufrieden, und das Gelächter der drei widerhallte noch lange den Berg hinauf in ihre Einöde.

Die verdrehte Straße

Der Weg von Waidhaus nach Vohenstrauß ist keine Weltreise. Wenn einer dorthin will, er hat vielleicht auf dem Steueramt zu tun oder auf dem Gericht, und er hat Glück, so daß er gleich drankommt, kann er mit einem Kraftwagen, wenn er schon soweit ist, in einer guten Stunde oder längstens in einer halben dazu wieder zurück sein. Mit dem Eslarner Bähnlein gehts ein wenig langsamer, dauerts wohl einen halben Tag. Wers aber mit einem Steierwägel und einem behäbigen Rößlein davor machen muß, der kommt vor Sonnenuntergang nicht heim. Treibts einer aber so wie der Girch-Adl, der nach seinen notwendigen Geschäften erst im „Wilden Mann“ anfängt, alsdann zum „Binder“ hinüberwechselt, später auf ein paar Schlücklein „Waizenbräu“ zum Behringer hineingerät, auf dem Heimweg unterm Bierzeigel von Braunetsrieth den Mond abwartet und — noch immer nicht genug! — auch noch beim Bräuer-Girgl in Lohma zukehrt, weil da, wie der Adl meint, der Nachttrunk am bekömmlichsten ist, dem langt auch der Tag nicht, da wirds schon der nächst.
Wieder einmal, schon den Braunetsriether Bierzeigel hinter sich — der Mond stand auch schon hoch überm Ulrichsberge — bleibt das Rößlein, das die Stationen seines Herrn genau im Kopfe hatte, nach alter Gewohnheit vorm Fenster des Bräuers zu Lohma stehen, worauf der Adl nur mit dem Peitschenstiel an die Scheiben klopft und „Wirtshaus!“ schreit — und „Steffl, ausspannen!“ was heißen sollte: „Hebt mich vom Wägerl und führt mich hinein!“ denn auf

seine eigenen Beine war beim Adl zu dieser Stunde kein Verlaß mehr, so daß er schon vier brauchte, nämlich die zwei des Steffl noch dazu.

Und wie immer, der Steffl kommt und führt ihn hinein und der Wirt setzt ihm den Stammkrug vor, den der Adl, es ist nicht gelogen, auf den zweiten Anhieb leer hat, worauf ihm, und dies zeitiger als sonst, der Schnauzbart aufs Halstüchl fällt, nicht bloß des süßen Bieres, auch eines gesunden Schlafes voll.

Als aber der Kuckuck aus dem Häuschen fährt und Zwölfe herunterschreit, denkt der Bräuer: Wenn es für die Geister Zeit ist, gilt mir das gleiche — und für den da auch! Geht also in die Kuchl und weckt den Steffl auf der Ofenbank, damit er den späten Gast mit auf die Beine bringe und auf den Wagen hebe und das Roß wieder in Gang setze, denn wenn es schon einmal soweit war, dann lief alles von selber und brauchte der Gaul um heimzukommen keinen Lenker mehr, auch den Adl nicht. Also bringen sie beide, der Wirt und der Steffl, den Spätling glücklich durch die Haustüre und zum Hoftor hinaus und auf den Kutschbock, legen ihm die Zügel in die Hand und in den rechten Stiefel stecken sie die Peitsche — und los gehts. „Hüs!" kommandiert der Steffl, was eigentlich nimmer notwendig ist, denn der vierbeinige Lazarus hat schon das Heimweh und springt mit einem solchen Ruck ins Zeug, daß es dem Adl ein paar Schnaufer lang den Schleier wegreißt. Und in seiner Schlaf- und anderen Trunkenheit schreit er „hüsta!" statt „hott!". Das Rößlein will schon recht, fährt aber der Adl so rauh in die Zügel, daß dem Vierbein kein anderer Weg mehr übrigbleibt, als sich ins Unvermeidliche zu schicken. Und weil der Knecht, der alles mit Schmunzeln bemerkt, nicht dergleichen tut, die Fuhre ins richtige Geleis zu bringen, denn dem Adl ist noch nie ein Groschen Trinkgeld ausgekommen, gehts erst langsam und widerstrebend, dann aber immer schneller wieder nach Braunetsrieth zu, am Bierzeigel vorbei und in den Wald hinein, ein Stücklein hinter einem Rehbock her, der gemächlich und ohne Furcht auf der Straße hintänzelt, bis er in ein dichtes Unterholz wieder hineinwechselt, und geht die unfreiwillige Reise zum Walde hinaus, es war eine wunderschöne Mondnacht, und im Mondenscheine dahin, wo sonst der Habersack am dicksten steht, und das war in Vohenstrauß beim Binder. Und just vorm Tore blieb der Lazarus stehen und zwar dergestalt, daß der Adl fast vornüberfällt, nicht aber aufwacht, nur in einen halbwachen Zustand gerät und „Kathi!" schreit, so hieß nämlich sein Weib, und „Xaver!" was sein Knecht war. Da es aber ringsum totenstill bleibt, schläft er wieder weiter, bis der Lazarus zu scharren beginnt und an der Deichsel herumreißt, darauf er nocheinmal munter wird und seine Kathi anruft, was aber auch unerhört bleibt, so daß er zuletzt rettungslos in einem Traum hinuntersinkt, als wärs ein Brunnen, und gleich darauf zu schnarchen anfängt, nein, zu sägen, als hätt' er bis zum ersten Hahnenschrei noch ein Klafter Buchenes wegzubringen.

Wer aber keine Ruhe gibt, ists Rößlein, der Lazarus, dems zu dumm wird, und der jetzt auch schon mit der Deichsel unterm runden Torbogen steht, denn er weiß, da gehts hinein, und von Zeit zu Zeit ans Tor stampft, daß es wie ein Donnerschlag im Hause drinnen wiederhallt. Doch der Binder, von seiner Barbara gar nicht zu reden, hat einen urigen Nachtschlaf und wird erst hell, als der Lazarus nicht bloß mit dem Hufe, sondern jetzt auch mit der Deichsel gegen das Tor geht. Und das wirkt. „Hol mich doch dieser und jener, wenns nicht mir gilt!" fährt der Binder endlich auf und in die Unterhose hinein und schaut zum Fenster herunter und sieht jetzt auch, was da gespielt wird. „Bärbl!" zetert er, „richt glei an Strauhsock hear, denn in a Bett ei

mächt i's mit den nait waug'n! Schick di nea, ich richt' deaweil den Gaal!"
Und als dies geschehen und der Lazarus das Seine hatte, kam der Adl an die Reihe. Sie müssen ihn mehr heben als führen, bis er auf dem Strohsack liegt, wo er nochmals ein wenig zu sich kommt — es war um halb drei Uhr in der Früh! — und fragt, lallend: „Wau bin i öitza?"
„Waust hieg'foahrn bist — z' Vauhastrauß!" gibt der Binder zur Antwort, darauf der Adl noch einen Schnaufer lang denken kann und meint:
„Verräck, nau . . . mauß si d'Strauß draht hobm!"
Wird wohl so gewesen sein; der Girchadl mußte es wissen. War also die Straße verdreht — und hat sich erst am Vormittag, als die Sonne schon hoch und warm auf den guten alten Nordgau herunterschien, auf Weise und auf Narren, wieder in die rechte Richtung gelegt, denn so gegen zehn Uhr ruft in Lohma der Steffl vom oberen Bräuhausfenster hinunter:
„Herr, dau is öitza grod oiner mit an Steirawagl af Woidhaus zau galoppiert — i lau mi fräss'n, wenns niat da Girch-Adl g'wen is!"

Das Zigeunerschimmerl

Der Bernmühl-Seppl, Gott hab ihn selig, hat für sein Leben gern gehandelt und geschachert, mit jungen Schweinen, mit Hunden, am liebsten aber mit Pferden, machte heut ein Geschäft und flog morgen wieder herein, so daß er trotz seiner Betriebsamkeit und Schläue niemals auf einen grünen Zweig kam.
Seinerzeit, als er noch auf dem Löwenwirtshause gesessen, die Schacherer gingen da ein und aus, als hätten sie ihren Mann gerochen, fällt er eines Tages herumziehenden Zigeu-

nern ins Garn, die ihm einen Schimmel aufschwätzten, der's in sich hat, der im Jahre dreihundertfünfundsechzig Untugenden oder Mucken zeigt, nämlich jeden Tag eine, und wenns ein Schaltjahr hat, deren dreihundertsechsundsechzig.

Gleich am Morgen nach diesem Kaufe, er hatte hinten im Hofe gerade eine neue Wurstkuchel im Bau, gibts Ziegelsteine vom Bahnhof zu holen, eine Arbeit, die dem Schimmel gleich als Probestück zugedacht war. Spannt er ihn also, um seine Kraft nicht gleich zu übernehmen, ins leichte Wägerl, stellt sich selber vorne drauf, hochauf, und dahin gehts, den Marktplatz hinunter, der Seppl in Positur wie ein römischer Kampfwagenlenker, ganz begeistert über den guten Anfang, vor allem auch wegen des zügigen, flachen Ganges. Zudem machte das Schimmerl eine Figur, so daß sich der Seppl mit ihm sehen lassen konnte. Im Vorbeitraben sieht er rechter Hand seinen Freund, den Veitl-Hannnes, vor der Türe stehn.

„Gel, Veitl, daou schaust, göih wöi a Tölegramm, wöi in Daglfing!“ denn die Trabrennen kannte er aus seiner Münchner Zeit, wo er ein paar Jahre als Weißwurst-Metzgergesell im Franziskaner diente. Doch gemach; gehts vom Marktplatz zum Bahnhof hinaus abwärts, umgekehrt steigts — und läuft jetzt das leere Wägerl dem Schimmel von selber hinterdrein, heimzu liegen Ziegelsteine drauf, was der Schimmel nicht weiß und der Bernmüller vorerst auch noch nicht bedenkt. Dessen wird er erst inne, als er nun mit der vollen Ladung den Berg hinauf muß. Das Schimmerl stemmt sich mächtig ins Zeug, als wüßt's, es geht um die Probe. Der Seppl redet auch gut zu, so daß sie am Bahnhofswirt schön vorbeikommen, wo die Fenster offen stehen und dahinter die Jäger und Holzhändler beim Nachmittagsschoppen sitzen und die Hälse recken.

„Was gilt's, die schauen mir nach“, denkt der Seppl und

treibt ein wenig zur Eile an, um den gespannten Blicken im Rücken ehestens zu entkommen.

Fast haben sie den halben Berg überstanden und dem Bernmühler wird schon leichter ums Herz, ruck, bleibt der Zigeuner stehen, tut wie ein Hölzener und will um keinen Preis mehr weiter.

„In Gott's Nama“, brummt der Seppl, „laoußt 'n halt a wengerl vaschnaffm“, und sucht sein Schmalzlerglas aus dem Spenzer. Daß ihm die Bosheit des Schimmels gerade hier diesen Schabernack antun mußte, war ihm zuwider, mehr als zuwider, aber er machte trotz alledem gute Miene zum bösen Spiel, zumal er ausging, wie eifrig man ihn hinter den Fenstern des Bahnhofswirts beobachtete.

Doch ein Ungemach kommt selten allein, denn wie's Unglück haben will, taucht jetzt oben der Draxler Hanus auf und gleich dahinter der Trutzhofmühl Toni, die beide, dem Seppl entgegen, dem Bahnhofswirt zustreben.

„Kruzinesn“, knirscht der Seppl, „wenn i döi siech, maou i an an sauan Haring denkn. Asg'rechnat die Allaschöinst'n maou(ß) ma da Teifl daheaföihan (führen)!“ und er weiß, daß er sich jetzt zusammennehmen muß, denn er stand nun im Kreuzfeuer.

„Na, Säppl“, schreit der Draxler schon von weitem, „waou haoust denn öitza den Arawa afg'gowelt?“

„Den?“ sagt der Seppl, „den how i schöi dawischt. Is koina mäiha (mehr) umma. Schauts'n nea a(n)! A Kepfl wöi a Naouttan (Natter), d'Nosn zi alln Dochfenzerln ei und göih wöi a Zithan, wöi a Tölegramm, und zöig'n... Zöig'n! Is koina mäiha umma!“

So lobt er sein Schimmerl übern Schellenkönig, wünscht aber dabei inbrünstig, daß die beiden der Kuckuck hole, schon verzweifelt denkt er das, und um seine Unruhe zu verbergen, stopft er sich die Pfeife und steckt sie umständlich in Brand. Aber die beiden, gerade, als ob sie den Braten röchen, halten aus.

„Su war's Ga(u)lerl niat wöist (wüst)", meint der Trutzmühler dazwischen und beäugt mit Kennermiene den scharrenden Zigeuner.

„Ich sog's enk ja, is koina mäiha umara, stöih laoua nix!" bekräftigt der Bernmühler, spürt aber jetzt, daß er weiter muß, denn die zwei warten ja drauf — und drunten aus den Bahnwirtsfenstern hört er rufen. Er versteht nichts, aber es gilt ihm, denn die andern grinsen und der Draxler bleckt sein Roßgebiß, als müßt er ein Harmoniepfeiferl der Quere nach verschlucken. Der Seppl merkt jetzt ganz genau, woran er ist und daß es Zeit wird, höchste Zeit, hier wegzukommen.

„Öitzt kinnt's wos seahg'n (sehen)", prahlt er, spuckt in die Hände, nimmt das Leitseil, die Peitsche dazu und los sollte es gehen.

„Wüa, Schimmerl!"

Aber der Zigeuner will nichts gehört haben, scharrt fleißig mit der rechten Vorderhand und tut, als hätte er den „Götz von Berlichingen" gelesen und sich daraus etwas gemerkt. Dem Seppl wird jetzt zweierlei, nicht anders, als hätten ihn zehn bei den Haaren. Er schnalzt mit der Zunge und pleschet mit der Peitsche, aber alles umsonst; es hilft nichts.

„As is as best, du setzt di a(u)f — und naou reitst nan a(n)!" spöttelt der Trutzmühler, und der Draxler grinst wieder wie ein Nußknacker. Der Bernmühler siehts — und da reißt ihm der Faden:

„Hundsheita, wülst oitza, oder wülst niat!?" schreit er, außer sich jetzt und nimmt den Geißelstecken und zieht dem verstockten Schimmel ein paar herunter. Der steigt zwar vorne auf und feuert dann hinten hinaus, daß die Fetzen nur so herumfahren, denkt aber nicht daran, sich ins Zeug zu legen.

„Häiast (hörst)“, spitzt jetzt der Toni wieder hin, „i moin, des haout ar in an Zürkus g'larnt.“
Da ist der Seppl weiß geworden wie ein Leintüchl, zumal drunten beim Bahnhofswirt ein Höllenspektakel losbricht mit Gießeimergetute und Topfdeckelklappern. Der Bernmühler tät am liebsten augenblicklich in den Erdboden versinken, wenns ging. Er schwitzt und muß sich abwischen, während das Schimmerl jetzt auf der Stelle tritt und tänzelt wie eine Seilkünstlerin. Er machte eine Gebärde, als schnappe er nach Luft, hilflos, und schaut dann schnell um sich, wie wenn er etwas suche.
„Döi Schand, döi Schand, jessas, jessas“, schreit er plötzlich heraus und „greina mächt i, greina!“
Und er steht nun da, völlig erschöpft, schier zum Erbarmen, so daß sowohl der Draxler wie auch der Trutzmühl-Toni ein Herz aus Stein haben müßten, um nicht zuzulangen, da jetzt der Seppl sie um Hilfe anruft: „I bitt schöi, Manna, gäihts hea und schöibts a weng mit a(n)!“ dazu vom Bahnhofswirt herauf der Tusch geblasen wird, mit Gießkannen und Hafendeckeln.

Die große Veränderung

Der alte Luderer Kaspar war seiner Lebtag nicht aus seinen vier Wänden hinausgekommen. Das Dorf Kötzlersrieth war seine Welt und soweit man vom Kirchturm sehen konnte. Die Jungen dagegen, drei Söhne und zwei Töchter, hatten schnell den Weg in das große Vaterland hinausgefunden, weil sie das kleine Gütl nicht wollten, das deshalb dem Jüngsten, dem Lenz, verblieben. Den Ältesten hatte der Wind nach Chemnitz verweht, wo er als Maschinist eine geschätzte Kraft war. Und als dieser, Schorsch hat er geheißen, einmal vor Ostern heimkam, um sich den Osterschinken selber zu holen, ruhte er nicht eher, bis der Alte ein Köfferchen packte und über die Feiertage mitfuhr. Aber der Kaspar hielt das nicht lange aus, obwohl sich der Schorsch den Besuch was kosten ließ und den Alten ausstaffierte, daß man mit ihm Staat machen konnte. Den Dienstag nach dem Feste gings noch, den Mittwoch und Donnerstag auch, aber am Freitag wurde er grantig — und am Samstag war er schon wieder da, kam er mit seinem Köfferl und einer Pappschachtel gravitätisch den Weg von der Haltestelle herauf und lief gleich — es war schon Feierabend — dem Brot-Jackl und dem Weißweber Xaveri in die Hände, die erst die Augen aufrissen vor Verwundrung, denn der Kaspar sah gar stattlich aus, hatte einen neumodischen Hut auf, eine ganz seidene Krawatte vorm Kropf und in der Hand mit der Pappschachtel einen vornehmen Spazierstock mit einem weißen Griff wie aus Elfenbein.

Der Jakl hielt die Hand über die Augen und der Veri nahm die Pfeife aus den Zähnen und sperrte erst das Maul auf, bis sie den wunderlichen Ankömmling erkannten.

„Ja, gi(b)ts denn dös aa, Kaschba, du bist as!?" schrie jetzt der Veri, der zuerst wieder die Red gefunden, während der Jackl nicht aus dem Bewundern kam. „Su nobl — su nobl!" sagte er ein dutzendmal und immer wieder „den schöna H(ao)ut — und den teian Stäckn, nimma zun Dakenna bist!"

Da setzte der Luderer erst einmal seine Schachtel und das Köfferchen ab und wischte sich den Schweiß von der Stirne und aus dem Genick, mit einem himmelblauen Taschentuch, das auch neu war, sah dann um sich, ein wenig nachdenklich und meinte dann:

„Wos Wunda, wenn ma su lang furt g'wen is! Ba enk da(ou) is aa allas ganz andas. Manna, gäihts, föihats mi a weng ummananda, i kenn mi ga(ou)a nimma as!"

Zwei Welten

Der Kollerbauer von Nankau, was keine Stadt in irgendeinem chinesischen Kanton ist, sondern ein biederes Dörflein im oberpfälzischen Landkreise Vohenstrauß, war nie weiter als in die ländliche Kreishauptstadt gekommen — und nach der anderen Seite hin höchstens bis Wernberg, das auch nur ein Marktflecken ist und ebenso weitab von der sogenannten großen Welt und den Wundern der Neuzeit liegt wie Nankau selber.

Aber einmal in seinem Leben, und es war ein langes Leben, entschloß er sich doch, eine Reise zu tun, und das war, als seine älteste Tochter Resi schrieb, die sich in Nürnberg verheiratet hatte, ein wenig spät, aber doch recht ordentlich, sie käme nicht eher wieder heim, bis nicht auch er, der Vater, sie einmal besucht haben würde.

Das wurde nun für den Alten, der wohl einen halben Hunderter lang nur neben seinem Ochsengespann einhergeschritten und höchstens dann und wann auf dem Steirerwägelchen eines Freundes oder Händlers ein Stücklein mitfahren durfte, ein schwieriges und aufregendes Unternehmen. Die Eisenbahn leuchtete ihm ein, und daß das Fahren so geschwind ging, nötigte ihm Bewunderung ab, trotzdem wollte er sich damit nicht befreunden, denn ein gewisses Unbehagen und Mißtrauen brachte er nicht aus seinen Herzen. Als er aber in Nürnberg angekommen, zu seiner größten Freude und Erleichterung die auf dem Bahnsteig wartende Tochter gleich gefunden hatte, das mächtige Bahnhofsgebäude hinter sich, von dem er sagte, daß es ein kleineres und billigeres Haus auch getan haben würde, blieb er auf einmal betroffen stehen und betrachtete eine Weile mit großen Augen die Straßenbahn, das An- und Abrollen der ihm geheimnisvoll klingelnden Wagen, schüttelte den Kopf dabei und meinte dann:

„Voa(r)n ka Gaal, hint' ka Gaal, Deixl is u(b)m — und mitt'n in Summa a Schlie(tt)ng'läut — a vakäjate Welt!"

Erkenntnis

In Isling, wo der Beberl Gori und der Torfbauer von der Sauernlohe gerade auf dem Viehmarkt sind, ist eine Varieté-Gruppe eingetroffen. Abends, so heißt es, treten da allerlei Künstler und berühmte Artisten auf, um ein wenig Unterhaltung und Freude in die abgeschiedene Gegend zu bringen.
Sagt der Sauernloher zum Gori:
„Haiast, daou geh' ma niat ham. Dös seag'n ma niat all Doch; daou san ma a, naou schau ma's uns a a(n)!"
Im Saal „Zum wilden Mann" ist abends alles zum Brechen voll. Der Beberl und der Torfbauer sitzen ziemlich weit vorne, und es gefällt ihnen über die Maßen.
„Wos 's niat allas gi(b)t! Wirkli schöi, kann ma niat andas sog'n!" meint der Torfbauer zufrieden und nimmt gerade wieder einen frischen Krug in Empfang.
Da tritt eine Gruppe schlanker Tänzerinnen auf die Bühne und zeigt, federleicht wie Schmetterlinge, ihre Kunst und ein Dutzend hübscher Beine.
Der Gori schaut wie gläsern drein, und der Sauerloher kriegt Stielaugen und kommt erst wieder zu sich, als der Beifall ausbricht.
Stößt der Gori den Sauernloher am Knie:
„Wos sagst öitza daou?"
Der tut einen tiefen Schnaufer und nimmt seinen Maßkrug zur Hand. Und halb in den Krug hinein und halb zum Gori hin brummelt er:
„Ganz baddawierisch (verdreht) bin i. Daou siaht ma 's äiascht, wos ma füa(r) an Zeich daham haout!"

Der Irrtum

Der Betzenschneider von Ramlesreuth hat trotz seiner dikken Brille nicht recht gesehen und darum wie auch sonst in seinem Leben oft danebengelangt, woraus manche ergötzliche Geschichte entstanden ist.

Einmal hatte der Nickl-Martin von den Winterhängen eine Feiertagshose bei ihm angefriemt, die einfach nicht fertig werden wollte, trotzdem sie schon längst zugeschnitten und geheftet war und der Martin den halben Sommer hindurch mindestens alle vierzehn Tage durch einen Boten mahnen ließ. Macht er sich also kurz vor Michaeli selber auf die Socken, um nach dem Rechten zu sehen, schon recht verärgert jetzt, was der Betzenschneider auch gleich merkt.

„Döi Woch'n wird s' fürti, Nickl, ganz g'wiß!" eifert der Betz und: „Maoußt owa nu amal ei(ni)schlupf'm, wennst Zeit haoust!"

Zieht also der Nickl seine alte Hose aus und steigt in die neue hinein, wozu ihm der Betz emsig behilflich ist.

„Zöig s' nea fest a(u)fi!" meint der Betz — und der Martin tut das, merkt aber dann, daß da etwas nicht stimmt.

„Wos haoust denn öitza daou g'macht", brummt er und schüttelt den Kopf, denn er sieht jetzt, daß er das Hinterteil vorne hat, was aber der Betz nicht ausgeht. Der nestelt noch eine Weil dem Nickl am Bauche herum, zieht hinauf, läßt hinunter, ganz besinnlich tut er das, und meint dann: „Laouß nea göih, dös gi(b)t si scha nu, wenn s' büg'lt wird!"

Freundschaftsdienst

In einem größeren Marktflecken der östlichen Oberpfalz lebte einmal ein fleißiger Zimmermann; der hatte ein bitterböses Weib, das ihm nichts gönnen wollte, eine wahrhaftige Hadermetze und Bisgurn, die zur rechten Zeit auch mit den Nachbarsleuten in Streit lag, am öftesten mit einer Gevatterin nebenan, die auch Haare auf den Zähnen hatte und ihr nichts nachgab und dem Manne, einem schmächtigen Schneiderlein, das Leben ebenso sauer machte wie sie, so daß selten ein Tag ohne Unfrieden verging.

Eines Abends kommt der biedere Zimmermann, der auswärts geschafft hatte und sich bei der Hebefeier ein wenig länger verhalten, eine Stunde später heim als sonst, steht das Weib schon vor der Haustüre auf der Straße und überschüttet ihn mit einem Unflat von Schimpf- und Schmähworten, daran sich die ganze Nachbarschaft weidlich ergötzte, weil alle Fenster offen standen, denn es war um die Zeit der Heumahd. Da platzte dem friedsamen Manne, der seither eine lange Geduld an den Tag gelegt hatte, zuguterletzt doch die Galle, so daß er seinen Werkzeugsack hinschmiß und dem „Drachen", wie man in der Oberpfalz sagt, das blanke Hinterteil dergestalt gerbte, daß es eine Art war.

Damit noch nicht zu Ende, fliegt mit Getöse des ehrsamen Schneiders Türe auf und heraus dessen Ehehälfte. Und hinterher schreit der Mann: „Da, Gevatter, nehmt meine Wachtel auch gleich zu leihen und spart nicht; ihr habt eine bessere Handschrift — und jetzt gehts in einem hin!" Und der biedere Zimmermann, nicht faul, erwischt sie gerade recht und tut ihr desgleichen — und läßt sie nicht zu kurz kommen, bis auch sie windelweich ist und um schönes Wetter bittet.

„Habt halt einen großen Dank!" ruft befriedigt der Schneider, worauf sich der wackere Zimmermann den Schweiß von der Stirne wischt und erleichtert meint: „Schon recht . . . gern geschehn . . . is ja alles in der Freundschaft blieb'n — und das ist die Hauptsach!"

Schlechter Spazierritt

Der Stadtschreiber von Pleystein, die Leute nannten ihn nur den „Max", weil das sein Vorname gewesen, hatte oft ein wenig Zeit, von seiner Amtsstube aus, sie war zu ebener Erde gelegen, auf den Marktplatz hinauszusehen, wo seinerzeit die berittenen Grenzzöllner gleich gegenüber vorm „Goldenen Kreuz" abstiegen oder aufsaßen, je nach dem, oder auch ihre hübschen Pferde in allerlei Gangarten und kleinen Kunststücken vorführten.

„Dös mächt i(ch) a(uch) kinna!" rief er den Reitern hin und wieder hinaus und wäre zu gerne manchmal ein bißchen spazieren geritten.

Wieder einmal, als einer gerade recht artig um die alte Linde voltigierte, seinen Schimmel dann „schulterherein" und „travers" dirigierte und zuletzt auch noch — und dem Stadtschreiber vor der Nase — eine saubere Pirouette drehte, wurde der gute Sekretarius, den jetzt offensichtlich der Neid geritten, ein wenig spöttisch und großtuerisch und meinte: „So ein Roß müßt schon den Teufel im Leibe haben, wenn unsereins das nicht auch fertig brächte!" Vielleicht glaubte er auch, vom Zusehen soviel gelernt zu haben, um zu wissen, wo man am Zügel ziehen müsse, damit das Rößlein nach dem Willen des Reiters tu. Doch kaum hatte er das Wort aus dem Munde, als der Zöllner schon abgesessen allen Ernstes zurückgibt: „Dann los, Herr Stadtschreiber, aufsitzen, meine Rosa hat einen linden Gang!"

Da war auch schon der Stadtschreiber, wie er war, durchs Fenster geschlüpft und ließ sich auf den Schimmel heben, denn er hatte damals schon ein gar stattliches Bäuchlein. Der Zöllner, ein Erzvokativus und mit allen Wassern gewaschen, brauchte keinen Rat, ein vergnügliches Spiel daraus zu machen, denn ehe sich der Stadtschreiber zurechtgesetzt hatte, die Steigbügel waren ihm auch eine Handbreit zu lang, kitzelte er seine Rosa nur ein bißchen mit der Reitgerte — ein Fachmann weiß schon wo — und der Spazierritt begann unversehens gleich mit einem feuerigen Galopp, so feuerig, daß Hühner und Gänse, Kind und Kegel entsetzt auseinanderstoben vor diesem kühnen, wilden Reiter, der aber, weil die Bügel viel zu lang, mit den Schuhspitzen in den Weichen der Rosa Halt suchte und mehr tot als lebendig den Gaul umhalst hielt wie sonst nur daheim seine Katharina. So geschwind hatte er sich den Spazierritt freilich nicht gedacht — und auch nicht, daß Roß und Reiter so verschiedener Meinung sein können, denn als ihn einer anruft, und das bereits außerhalb des Städtchens: „Max, wauhie su g'schwind?" kann er keine andere Auskunft geben als:

„Wos fraugst denn dau mie, Hamml, fraug 'n Gaal!"

Sie sind auch nimmer mitsammen heimgekommen, der Max und die Rosa. Sie hat den Weg allein gefunden und war viel früher wieder zurück als ihr Reiter, dem dieser „Spazierritt", wie er oft selber eingestand, gereicht hat fürs ganze Leben.

Ländlicher Maßstab

Der Totscherlbeck in Zabersrieth ist kein Bäck oder Bäcker, wie man meinen könnt, das ist der untere Wirt. Der Junge hat erst geheiratet, eine Böhmische, stramm und zünftig, und seitdem gehts da hoch her, denn die Mirl, wie die Junge heißt, verstehts, den alten Mannerleuten wie den Burschen die Köpfe heiß zu machen, so daß sich immer was rührt.

Neulich hats wieder bis lang nach Mitternacht gedauert, und die allerletzten sind der Hohensteiner Einöder und

der Förster gewesen, die ein gut Stück gemeinsamen Heimweges hatten. Stockfinster wars, denn der Mond hatte sich schon längst verkrochen. Der Einöder hatte schwere Schlagseite und der Förster war auch nicht mehr nüchtern, so daß den beiden der nächtliche Weg sauer wurde.
Wpp! machte der Hohensteiner in einem zu und stolperte dabei bald nach links und bald nach rechts, und dabei ist ihm das Maul gegangen wie geschmiert. Er weiß diesen und jenen guten Rat, und schließlich kommt er auch auf die Weiber zu reden, die neumodischen, wie er sagt, die nicht mehr seinem Geschmack gerecht werden.
Der Weg steigt gerade an, denn es geht den Höllranger hinauf, den der alte Schlauberger heute nimmer „dearschnauft". Er muß stehen bleiben, sich ein wenig am Arm des Försters anhalten und Luft schnappen, wobei er sein Mißfallen, die neumodischen Weiberleut betreffend, frisch von der Leber läßt und dabei einen Maßstab und Geschmack verrät, ders in sich hat:
„Häiast (hörst), Herr Första", lallt er — das Zünglein wird ihm langsam doch schwerer — „gel, i dearf mi scha a wengerl an enkan (eurem) Wamesüwrl (Wamsärmel) a(n)-halltn ... Wissens, wpp! mit den Weiwan (Weibern) is's heintzutoch a nix mäina (mehr); hobm nix mäina dra(n) ... wpp! san near su Heigeig'n, su zaundürre. How i niat rächt? Wpp! ... Daou is halt ma Wei a Wei! A su a Wei, wöi ma Wei is, daou dearf scho a graouße Sau kumma ... wpp! ... bis s' dös G'wicht haout, wpp! — wöi ma Wei!"

Einbildung macht gesund

Man behauptet zwar allgemein das Gegenteil, doch ist, wie der Fall Wendlbauer beweist, umgekehrt gefahren auch recht. Und das war so:

Der Wendlbauer hatte ein arges Kreuz mit seinem Weibe, denn seit sie, wie man sagt, in die Jahre gekommen, wollte der Blasbalg nimmer recht mit, hatte sie immer mit der Luft zu tun. Besonders nachts wurde sie oft von heftigen Anfällen heimgesucht, weil sie im Glauben lebte, im Finstern sei die Luft dicker und ließe sich kaum mehr einatmen.

Einmal, es war schon im Spätherbst, ist Feuerwehrversammlung gewesen, dazu auch die Nachbarwehren geladen waren. Und deswegen hatte der Wirt auch ein Säulein abgestochen, der Würste wegen, die aber (wie bei solchen Gelegenheiten immer!) ein wenig gepfeffert ausfielen. Pfeffer brennt, denn er ist ein hitziges Gewürz. Aber die Feuerwehrmänner konnten ja löschen — und die Ranertsriether samt ihren Gästen taten das gründlich, wobei sich der Wendlbauer gar niemals lumpen ließ, trank und großtat und spendierte und erst gegen Mitternacht auf einem recht krummen Wege heimkam.

In der stockfinsteren Schlafkammer herumtappend hörte er plötzlich sein Weib röcheln und stöhnen: „Wendl, Luft ... Fensta a(u)f ... i(ch) dastick!"

Da ist dem Wendlbauern auf einmal, als bekäme er selber keine Luft mehr — und in der Angst und in der Ungeschicklichkeit seines Zustandes verliert er die Richtung nach dem Fenster, bis er endlich an eine Glasscheibe gerät und diese einfach einschlägt, was der Bäuerin sofort Erleichterung bringt.

In der Frühe, draußen ist es noch grau, wacht er aus einem dummen Traum auf, als hätte er auf dem Heimwege über lauter Mistbeete steigen müssen und dabei Hunderte von Glasscheiben durchgetreten. Er lag wie in Schweiß gebadet und wußte erst nicht wo er ist, wird aber dann doch hell im Kopfe und sieht und weiß plötzlich auch alles, was sich in der Nacht zugetragen — und es entfährt ihm ein tiefes

Stöhnen, davon auch die Frau munter wird und dankbarlich meint:
„Ach, Wendl, heint nacht ha(ou)st ma 's Le(b)m g'rett; ich gla(u)b, i(ch) wa(r) dastickt, wennst ni(a)t kumma wa(r)st!"
„Wei(b)", sagt der Wendl drauf, und dabei plagt ihn ein Husten, als zögs ihm den Hals zu, „dös ... dös ka(nn) ni(a)t sa(ein); grod g'siahr i(ch), daß i(ch) 'n Gloskast'n z'ammg'haut ho(b)!"

Wie die Alten sungen ...

Beim Simmerlbauern auf dem Berghof, hinten an der tschechischen Grenze, da sind seinerzeit die Zöllner fleißig eingekehrt, nur so im Vorbeigehen, wie man sagt, denn die Bärbl, des Simmerl schwarze Tochter, hatte verteufelte Augen, die man draußen auf der Straße spürte, wenn sie durch die Nagerlstöcke spitzte. Kamen also die Grenzzöllner oft vorbei und schwenkten zum Hoftor hinein, manchmal aus dienstlichen Gründen, denn der Simmerlhof ist zu schön am Wege gelegen, für die Zöllner — und für die Pascher auch.
Gleich nach dem ersten großen Kriege, die Banknoten vermehrten sich wie die Kartoffelkäfer und das sauere Spargeld bekam die galoppierende Schwindsucht, nahm der Simmerl das Bübl seiner ältesten Tochter zu sich in Pflege, denn in den großen Städten unseres ausgehungerten Vaterlandes war Schmalhans Küchenmeister und nur eines wohlfeil, nämlich die sogenannten blauen Bohnen, die allenthalben auf den Straßen und Märkten herumschwirrten. Dem blassen Bürschlein bekam die Kur ausgezeichnet, so daß es bald aufging wie eine Dampfnudel, weil's auf einem ansehnlichen Bauernhofe, wie man wohl weiß, an nichts mangelt und nicht darauf ankommt, ob ein kleiner Fresser mehr

oder weniger am Brotsacke hängt. Vier — fünf Jahre mag das Wasterl damals gewesen sein, wendig wie ein Wiesel und fuchsschlau.

Ende Juli, draußen standen schon die Kornmandln, an einem Sonntag war's um die Vesperzeit und der Simmerl hatte gerade ausgenatzt, kommen zwei Zöllner, das Schießeisen über der Schulter, vom Reichenauer Sträßl herüber in den Hof, luchsen erst durch die Nagerlstöck zum Fenster herein und stehen gleich darauf in der Stube; die Türe stand offen, denn es war vor Schwüle kaum auszuhalten. Der Dienst sei wieder einmal zum Sterben langweilig — und sie möchten halt die Zeit ein wenig verkürzen, meinten sie. Vielleicht wollten sie auch etwas anderes, wer weiß es denn. Zwei Preußen sinds gewesen.

„Gröiß Gott!" sagt der Simmerl nur und steht auf und zündet seine Kanasterpfeife an und macht ein freundilches Gesicht, denn ein alter Grenzfuchs wie er kennt sich aus beim Strumpf und weiß, wie er mit seinen Pappenheimern umgehen muß.

Und da sie so miteinander plaudern, übers Wetter, über die schlechte Zeit und das noch schlechtere Geld und wer weiß, worüber noch, denn der Simmerl kann gesprächig sein, mitten in der Stube ist er gestanden, unterm Deckbalken, da schleicht sich das Wasterl herzu und steckt den Flachskopf von hinten her durch die Beine des Alten, spitzt erst ein wenig und ruft dann laut, ganz laut; es war der größte Schimpf, den man den Zöllnern antun konnte:

„Schnapphahnerl! ... Schnapphahnerl! ... Schnapp ..!"

Weiter ist's Wasterl nicht mehr gekommen, denn der Simmerl langt gleich hinunter und hält dem unschuldigen Spottvogel gleich den Schnabel zu.

Haben die beiden Grünen das spitzige Wort wirklich nicht verstanden? Jedenfalls fragt der eine gleich:

„Was hat der Bengel jesacht?"

Aber der Simmerl, wer ihn gekannt hat, wird Bescheid wissen, ist darum nicht verlegen, nimmt seelenruhig die Pfeife aus dem Munde und brummt nur:
„I ho niat afpaßt. Wer woiß's denn, wos a wieda z'sammg'wawlt haout, da Lausbaou; Kinna red'n vül, wenn da Toch lang is. Waou sie's nea allaweil herhobm!?"
Lächelnd sagte er das hin, der Simmerl, und schob das Bübl zur Kuchltür hinaus und rief der Bärbl, sie möchte doch ein bisserl hereinschauen, die Herren Aufseher wären da.
Ja, ja, wo's die Kinder nur herhaben!?

Die „Fliegerdeckung"

Der Schellerer Gust ist ein geriebener Fuchs und dazu ein verwegener Kunde gewesen. Seinerzeit, als die gute alte böhmische Grenze des österreichischen Staates zum Übertritt in tschechisches Land geworden war, hatte er — wie schon so oft! — wieder einmal ein schönes Paar Ochsen herüberbringen wollen, treibt sie aber, wie eben der Teufel manchmal seine Hand im Spiel hat, durch's Bernloher Holz auf den Hohlweg zu und zwei Grenzern kerzengerade ins Garn, worauf er, wie man sagt, „stiftengehen" mußte. Weil er jedoch ein geschwärztes Gesicht hatte, konnten ihn die Grünen nicht erkennen und, da er auf ihren Anruf nicht stehen blieb, nur hinter ihm herschießen, was aber nur die Bäume traf, hinter denen der Gust hin und her wischte und entkam. Das war zum Pech also noch Glück, das sich wenigstens in diesem Augenblicke auf seine Seite stellte.
Trotzdem sind sie ihm, wer weiß denn, wie's zuging, hinter seine Schliche gekommen — und dies gar bald, nur einige Tage später.

Der Gust ist gerade beim Kleemähen, und der Aloiserl, sein Jüngster, hütet vorne an der Straße die Gäns'. Sieht das Bübl plötzlich drei Grüne die Straße her aus dem Holz schleichen und dann schnell auf den Schellererhof zuschwenken, während ein vierter von der Höh' herunter auf Posten zieht, mit Gewehr natürlich, um den rückwärtigen Ausgang im Auge zu behalten und zu sichern.
Rennt das Aloiserl gleich ums Gänsweiherl und hinters Schmuckerhölzl, wo der Gust mäht, und sagt: „Vata, daou drü(b)m san grod dra Gröine kumma und zin Huftoa(r) ei (hinein) — und oina stäiht dru(b)m hintan 'n Goasbüsch'n und spächt a(u)f's Haus oara (herunter). Wäll'n äba (etwa) döi wos von dia(r)?"
Dem Gust gibt's einen Riß — und wie ein Spürhund, nicht anders, pirscht er sich durch's Hölzl und lust und schaut ein wenig — und hört den Nero an der Kette, der wie ein Wilder tut, sieht auch den einen droben bei den Büschen stehen und lauern — und kennt sich aus. Jetzt wird's ernst, denkt er, und er weiß, es gibt nur zwei Möglichkeiten, sich stell'n — oder ausreißen. Er überlegt ... Hinter Schloß und Riegel? Nein, nein — dreimal nein! Also fort! Aber die Käth, seine Frau? Er muß noch einmal zu ihr. Aber wie? Da kommt ihm eine Erleuchtung — der Bub kann helfen.
„Alis" sagt er dann, als er wieder zurückgekrochen, „du haoust recht, döi wäll'n wos von mia(r). 's G'scheit(e)st is(t), i(ch) nimm glei(ch) Fliechadeckung.
Und schon liegt er auf dem Wagen.
„Baou(b), nimm nea (nur) gleich Gobl und lod' a(u)f, bis d' mi(ch) nimma siahst!"
Und 's Bübl lädt auf, höher und höher ... Da reckt der Gust noch einmal den Kopf aus dem Klee und wispert: „Aliserl, i(ch) moinat, öitza langts — und öitza nimmst 'n Ga(u)l und foah(r)st ham und glei(ch) in'n Stodl ei(ni)!"

Und schon hat er den Kopf wieder unterm Klee.
Wie dann der Bub zum Hoftor hineinfährt, sieht er, daß die Grünen immer noch da sind und hört gerade seine Mutter sagen: „Heint z'Mittoch is(t) a(r) nu umara g'we(s)'n; waou a(r) ötza is(t), kann i(ch) niat sog'n." Und er merkt, wie sie ihm zuzwinkert.
„Wüa, Blasch!" schreit darauf das Aloiserl und will mit dem Fuhrwerk vorbei. Springt aber gleich einer von den Grenzern auf ihn zu, faßt ihn am Arm und fragt:
„Wöi, Böibl, halt amal! Woißt vielleicht du, waou dei(n) Vata is(t)?"
„Waou mei(n) Vata is(t)?" verstellt sich das Aloiserl und tut, als ob's nachdächte, schüttelt darauf den Kopf und meint: „Ma Vata? Woiß i(ch) niat; heint z'Mittoch is(t) a(r) nu daou g'we(s)'n . . . Wüa, Blasch!"
Und der Bub, müßt er nicht ein Junger vom Gust gewesen sein, fährt seelenruhig den Wagen mit dem Klee und dem Vater darunter in den Stadel hinein auf die Tenne, spannt ab und schließt das Tor zu, wie sich das gehört, damit die Hühner nicht gleich übers Futter kommen. So sagt er wenigstens zur Mutter.
Den Schellerer Gust aber haben sie nicht erwischt selbigesmal. Es sind noch viele Tage und Nächte vergangen, die den Grenzern Schweiß und Ärger genug gekostet haben, bis es soweit war, und dann ist es ein Zufall gewesen, mit dem der Gust nicht rechnen konnte, sonst . . . ?

Der höllische Reiter

Was des Menschen Einfalt nicht gleich begreift und manchmal ein wenig sonderbar und geheimnisvoll in Erscheinung tritt, steht bei vielen mit dem Teufel im Bunde. Wenns nicht so drollig und schier zum Weinen spaßig wäre, wie in diesem Falle, man möchte mit dem armen Belzbub fast Mitleid haben, soviel wird auf seinen geplagten Rücken gewälzt.

Als seinerzeit die Fahrräder aufkamen, war der erste, der sich in Neustadt a. d. Waldnaab eins kaufte, der Schlotfeger, weil er's brauchte, wie er vorgab — und weil er sich's leisten konnte. Da er aber untertags zum Fahren keine Zeit gehabt, ist er nachts aufgesessen, auch konnten ihm da die Leute nicht so zusehen und ihn auch nicht auslachen, wenn er herunterfiel. Es war noch ein sogenanntes Hochrad. Dazumal hat es noch keine Gummireifen gegeben, weswegen so ein Veloziped, wie man's geheißen, mit seinen eisernen Rädern einen Mordslärm machte.

Als nun der Schlotfeger auf seinem Ungetüm doch schon ein bißchen sattelfest war, ist er nächtens einmal auch über den Marktplatz heruntergebraust (seinerzeit gings noch steil herab!), so daß das Feuer nur so von den Steinen flog, denn die Bremse war auch noch nicht erfunden. Kommt gerade der Kammeranger, der alte Schubkarrenbote nach Weiden, von der Naabbrücke herein und sieht das und kann sich, da es stockfinster gewesen, das heranrasselnde Ungeheuer nicht erklären, so daß er das Gruseln bekommt und gleich hinter die großen Lindenbäume an der Straße springt.

„All gaoutn Geista lob'n Gott den Hearn!" schreit er und rennt — und schlägt ein Kreuz um's andere, wie wenn ihn schon der „Hearnlsäff" (Gottseibeiuns) beim Genick hätte, und hutzt ins erste Haus hinein und trommelt alles zusammen.

„Mürkts af", keucht er heraus und zittert an Leib und Seel, „daou is grod oina af an feieringa Rod oarag'ri(tt)n, mittn üwan Plotz oara, dös maou da Teifl g'wen sa!"

Das Rätselraten

Eine Geschichte zu erzählen, die jenen Körperteil des Menschen zum Gegenstand hat, darauf man gemeiniglich zu sitzen pflegt, ist ein gar heikel Ding. Doch ist diesmal der Anlaß so ergötzlich, daß es trotzdem mit Verlaub gestattet sein mag, sie nachsichtigen Ohren zu unterbreiten.

Zu den häufigsten Gästen im Heindl-Bräu zu Weiden, gleich am „Oberen Tor“ zwischen dem „Vesten Haus“ und der „Alten Pfarre“, wos seinerzeit aus dem Fäßlein rann wie Muttermilch, gehörte um die Jahrhundertwende auch ein alter Justizrat, ein kleiner, weißhaariger Mann mit einer scharfen Brille und einem ebenso scharfen Witz, ein Erzschelm und Spaßvogel, ders mit dem Volke hielt, weil er, wie er sagte, vom Volke lebe, und dem darob auch nichts krumm genommen wurde, im Gegenteil.

Eines Abends, wieder gut aufgezogen, hatte er sich einen Tapezierermeister, mit dem er auf dem Duzfuße stand, weil sich jedes Mäuslein mit ihm fangen ließ — er saß ihm gerade gegenüber und also recht schön bei der Hand — als Zielscheibe ausgesucht, die Kumpanei am runden Tisch hinterm Kachelofen ein wenig zu ergötzen.

„Heut' tun wir einmal Rätselraten!“ rief er laut über den Tisch hin, daß alles die Ohren spitzte, wobei er seinen Kleistermann schon auf dem Korn hatte. „Pepi“, meinte er dann, und der Spitzbub sah ihm unter den Augendeckeln hervor, „Pepi, kannst du raten? Feines Rätsel! Ich habs — und du — bists! Was ist das?“ Und dabei hatte er seine gewohnte Kuba in der Rechten, zwischen Daumen und Mittelfinger, und mit dem ausgestreckten Zeigefinger darüber zeichnete er pfiffig eine kleine Rundung in die Luft, die dem Tapezierer, wies auch gemeint war, gleich eine gute Gedächtnishilfe, sozusagen ein Schlag mit dem Holzschlegel aufs Hirn hätte sein können, zumal in der Runde schon ein allgemeines Schmunzeln auf den Gesichtern spielte. Aber nein, beim Tapezierer, dem das Zünglein schneller ging als das Denken, wollte der Groschen nicht fallen, zog sich nur die Stirne zusammen und auseinander wie der Balg einer Ziehharmonika, bis sich die Heiterkeit nimmer hinterm Damm halten ließ, da schon ein schallendes Gelächter ausbrach und der Justizrat über den Tisch, dem Kleisterer ins Gesicht schmetterte: „Ein A . . . . loch!" — und sich die Augen wischte und die Brillengläser, weil ihm das Tränentröpflein überlief, vor lauter Lachen. Hätte man den Tapetenmann sehen sollen, wie auch der sich das Dachsbäuchlein hielt und sich vor Vergnügen schüttelt. „Feiner Witz, feiner Witz — wirklich ein feiner Witz!" sagte er — und „Muß ich mir merken." Dabei zog er sein Geschäftsbüchlein aus der Tasche, leckte den Bleistift ab und schrieb alles genau hinein.

Den übernächsten Tag, man weiß ja, wie sich die Dinge oft wunderlich schicken, gings beim Garkoch, gleich neben dem Rathause, hoch her, weil da die Schlachtschüssel reichlicher und die Schweineknöchel größer waren wie anderwo, der Justizrat und ein paar Gesellen von der Heindl-Ecke saßen auch mittendrin, brannte der Tapezierer schon auf den Augenblick, seine Weisheit loszuwerden, und bangte nur, sein Lehrmeister möchte ihm zuvorkommen, denn er hatte es auf einen Bader abgesehen, der ihm auch schon einmal ein wenig in die Augen gegriffen. Das ruhte nicht — und jetzt wollte ers heimzahlen auf quitt. „Ich will nur noch warten, bis er fertig ist und Messer und Gabel hinlegt", dachte er und ruschte auf seinem Stuhl umher, als wärs ein Ameisenhaufen. Und als es endlich soweit war, zwinkerte er schon schadenfroh dem Justizrat zu, sam, jetzt müsse ein anderer dranglauben, und gleich werde ein Töpflein überlaufen. „He, Firnholz“, rief er den über den langen Tisch an und setzte sich gönnerhaft in Positur, „Firnholz, kannst du raten?“ Was ist das? „Ich bins — und du — hast es?“ Hat sich der Firnholz nicht besinnen brauchen, denn aus wars an diesem Abend, vollkommen aus; das war kein Lachen mehr, ein johlendes, kreischendes Raketenfeuer, das da explodierte und in das der Justizrat wie ein Angeschossener hineinschrie:

„Pepi, o Pepi, vorgestern warst's und heut bists wieda — und jetzt bleibsts, du A . . . . loch!“

Drum: Wer andern eine Grube gräbt, selbst beim Rätselraten! kann leicht selbst hineinfallen. Der Tapezierer hats gemerkt.

Atemübung nach Vorschrift

„Atemübungen und Zwerchfellatmung in der Gesangstund — wos soll dös Zeich in Bechtsraith, hint'n am Leicht'nberch? Ha, das i niat rutsch!“ meinte der kehlkopfkranke Schulmeister, dem der frühe Tod ohnehin im Halse saß und der für seine Person schon deswegen mehr Atemübungen machen mußte, als ihm lieb war. „Aba 's Ministerium will's, Vorschrift is Vorschrift, daou stäihts's!“ beruhigte der Herr Bezirksschulrat den aufgeregten Kollegen, die Linke auf seinem runden Bäuchlein und mit dem rechten Zeigefinger ins Amtsblatt weisend. War ein prächtiger Schulmann, der Herr Schulrat Schmiedmeier, der seinerzeit in Weiden amtierte, und war ein Menschenfreund dazu, die Güte selber und abhold allen Sauertöpfen; denn, so sagte er sich, mit einem Lächeln kommst du weiter als mit einer Leichenbittermiene. So gab er auch den Kampf mit dem Widerstande des Dorfmagisters, den er jetzt zu inspizieren hatte und der obendrein sein Klassenbruder

gewesen, nicht auf. „Schau, Stubmvoll (so hieß nämlich der Lehrer!), as is niat so schwer, ich mach' da 's öitzt füar!" begütigte er und wandte sich darauf der Klasse zu, an die fünfzig frische Bauernkindern, helläugig wie die Luchse, und meinte: „So, Kindala, paßts öitzt schöi af — und naouchala sing' ma a schönes Liedl!" und schwenkte dann eine halbe Wendung nach rechts, so daß also die Kinder das Profil seines Bäuchleins, er selbst nannte es nur seinen Bratwürstlfriedhof, schön gezeichnet im Blick hatten, preßte die Lippen aufeinander und sog durch die weitgeblähten Nürstern tief den Atem ein, verhielt ein wenig und stieß alsdann die Luft durch den geöffneten Mund wieder heraus. „Wos how i öitzat g'macht?" fragt er nun, mit seinem unverfälschten Oberpfälzisch die Struwelköpfe packend. Keine Antwort, betretenes Schweigen; die Flachsköpfe und Schwarzschöpfe sitzen da, als hätte sie jemand hypnotisiert. Doch der Herr Rat ist zäh, gibt so schnell nicht auf.
„Mach' ma's halt nu amal", tröstet er sich, legt nun auch das andere seiner rundlichen Händchen auf's Bäuchlein und holt wieder Atem, noch tiefer und geräuschvoller als vorhin, dabei mit beiden Händen vorne täschelnd, sam: Da schaut her, da sitzt das Geheimnis, nämlich die Luft in die Bauchhöhle gedrückt!
Abermals eisige Stille. Doch halt, ganz hinten rührt sich schüchtern ein Finger. „Gott sei's gedankt!" denkt er und fragt lächelnd: „Na, du woißt as; wos how i g'macht?" Antwort: „Sie . . . sie hawen den Ru . . . Rutz hinaufgezugen!"
Du liebe Zeit! Jetzt hätte man das Gesicht des Herrn Rat sehen sollen und sein Bäuchlein dazu und wie es gewackelt hat, so daß er nicht mehr in der Schulstube bleiben konnte — und der Stubenvoll, sein Klassenbruder auch nicht, der es jetzund mit seinen Atemübungen zu tun bekam, bis sie beide draußen waren und in der Studierstube, wo's erst

richtig ausbrach, schallend und pfeifend, je nachdem, und bis dem Herrn Inspektor die Tränen über die Bäcklein kollerten.
Ja, ja, er hat schon recht gehabt, der selige Herr Schmiedmeier: „Herrschaft'n, nea niat afreg'n, lach'n, nea a bisserl lach'n, dös is g'sund!"

Seltsame Drohung

Wo die Natur, wie's häufig der Fall ist, einerseits in üppigem Maße schenkt, muß die andere Seite meistens darben, und was daraus wird, bleibt ein zwiespältig Wesen, in dem Vollkommenheit und Lächerlichkeit sich gleichgewichtig die Waagschale halten.
So war auch, wo's galt, den Mann zu zeigen und sich den nötigen Respekt zu verschaffen, der Bastian-Schuster ein wenig zu kurz geraten, nämlich klein von Statur, langsam und gar zu bedächtig, wohl auch ein bißchen unbeholfen. Im Kopfe dagegen hat er's mit manchem aufgenommen, der den Herkules spielte, mit den Muskeln wie mit dem Maule, lag er doch seiner Lebtag, wenn andere hinter den Bierkrügen saßen, über Büchern des Wissens, über Länderbeschreibungen und geschichtlichen Darstellungen, davon sein Kopf voll wurde wie ein Bienenkorb, denn er behielt's — und man brauchte nur ein wenig hinzustoßen, dann kam's heraus und hatte Hand und Fuß. Aber das Wissen allein, die Möglichkeit, dem Leben hinter den Vorhang zu schauen, und etwas Weisheit dazu, tun's auch nicht. Das hat er an einem gottseligen Sonntag zu Anfang des Juli erfahren, als er, den Frieden des Abends zu genießen, dabei nach seinem Kornacker zu sehen, das Pfeifchen im Munde, Schritt für Schritt den Galgenberg hinaufpilgert, wo sein bester Roggen hoch im Halme stand.

Droben angelangt, gut fünfundzwanzig Minuten vom Rande des Marktfleckens entfernt, biegt er links in den schmalen Steig hinein und hält auf seinen Ackerrain zu. Die Grillen geigen, und weiter unten, aus dem Weizenfelde des Bräuer-Ferdl, ruft eine Wachtel: „Fürchte Gott! ... Fürchte Gott!“ davon ihm feierlich und fast betsam zumute wird. Und wie er weiter so still durch's Raingras streift, sein schönes Korn entlang, bemerkt er plötzlich auch die Fußspuren, ganz frische Tritte, er stellt's mit Kennermiene fest, denen er nachspürt und die endlich unversehens und schnurstracks in die hohen Halme hineinführen.

„Schau, schau!“ denkt er und vernimmt auch schon ein Flüstern, ein Kosen und Kichern, daß er bald nimmer weiß, ist's das Zirpen der Grillen in Luft oder was Anderes, das seinen Herzgang so in Wallung bringt. Und als sich das wieder gelegt, denn er stand ja damals doch schon hoch in den Sechzigern, hustet er zuerst einmal laut und kräftig, darob's drinnen mäuschenstill wird und auch die Wachtel ihren Ruf vergißt, und wartet ...

„Wer da?!“ ruft er dann. Aber im Korn rührt sich nichts mehr und auch die Wachtel bleibt stumm.

Da ermannt sich der Bastian und wird energisch, und halb, wie er sich's aus Büchern erlesen, und halb, wie's ihm seine gute Mutter Oberpfalz von Kindsbeinen auf gelehrt, geht ihm der Unmut von der Zunge:

„Wollt ühr heraus jetzt, auf da Stell!?“ und ein wenig später: „Wiads öitza bal(d), sinst hul i mein' Sohn. Der is zwar auch klein owa stark und naou wiad ar enk (euch) scha zoign'n, waou da Bartl 'n Most hult!“

Und nachdem es abermals totenstill bleibt und sich nichts rühren will, nur ein sanfter Windhauch über die Halme streicht, schleicht er fort, heimwärts, ganz leise, wie er gekommen ...

Kaum vorne am Steig, ruft die Wachtel wieder: „Fürchte Gott! ... Fürchte Gott!“
Ob er wirklich seinen Sohn noch geholt, oder ob er nicht doch vom Leben hinterm Vorhang etwas erspitzt, trotzdem sich die hohen Halme seines Korns dicht davor drängten,

wer weiß es denn? Würde man wohl am besten den jungen, glückseligen Reitersmann fragen oder sein Herzgespiel, wenn sie was pfeifen mögen, was in diesem Falle mit Recht bezweifelt wird.

Der Marderfang

Es geht nicht immer alles so hinaus, wie man's gerne haben möchte und wie's sein sollte, und hat's einer noch so schlau ausgetüftelt, daß es Stich halten müßte, meint man, am End hat er doch noch ein Tüpferl vergessen, und meistens gerade das, worauf es ankommt.
Davon weiß der Nandl-Schuster ein Lied zu singen, der fern (voriges Jahr) mit seinem Geflügelzeug ein arges Pech gehabt, denn um Himmelfahrt herum ist was in den Taubenschlag gekommen. Ausgerechnet die schönen Brieftauben waren dahin und dazu sein Stolz, ein großer, emsiger, blauer Kröpfer, auch. Zum andern haben drei fette Hahnerln gefehlt und zwischenhinein sind zwei junge Gänse weggewesen, die's eilig hatten, denn bis Martini haben noch an die fünfzehn Wochen gefehlt. Kurz und gut, der Schaden wollte nicht abreißen, was ihm eines Tages zu dumm wurde, so daß er zum alten Hacklförster rennt, er möcht ihm eine Falle richten, denn, so sagte er zu seiner Vroni: „Dös is nemands (niemand) andas g'wen als wöi da Modara (Marder) — und den wir i helf'm!"
Gesagt, getan. Selbigen Tags noch, die Hühner sind schon aufgesessen, die Gäns im Stall und die Sonne rutscht gerade den Fahrenberg hinunter, wird das Fangzeug gerichtet. „So", brummt er dann, als alles fertig und auf's beste angelegt, „wenn a heint nacht kummt, is a hi(n); den wir i sa Handwerk astreib'm!"
Vorm Schlafengehen aber hat er noch einen Einfall, läßt

er sich von der Vroni einen langen, starken Bindfaden geben, den er an der Marderfalle befestigt — und's andere End wirft er durchs Fenster in die Schlafstube und knötelt es an seine rechte große Zehe, „das i glei munta wier, wenn a daou is, und naou (dann) kummt a ma nimma as“, sagt er sich.

Richtig, in der Nacht träumt ihm, er sei in ein Fuchseisen geraten. Er wimmert vor lauter Wehding, bis er auf einmal aufwacht und ausgeht, was die Ursach ist.

„Vroni! ... Vroni!“, fährt er in die Höh, „da Modara, öitzt is a daou, hob'm ma'n scho! ... G'schwind, hul d' Schar und schneid's Schnöierl o, daß i aßi (hinaus) ka(nn), dea taout ja wöi a Husar!“

Und dann, wie er gewesen ist, im Hemd und ohne Schuh, rennt er in den stockfinsteren Hof hinaus und auf den Hühnerstall zu, wo gleich unten am Holzstock die Falle gestellt ist, und stößt mit dem langen eisernen Zinken, den er schon bereitgehalten, hinein. Es pfaucht und pfurrt in dem hölzernen Kasten ganz abscheulich, aber der Nandl gibt nicht nach.

„Gäih nea (nur) her, V'recka, lau di(ch) aszohl'n!“ keucht er, schier außer Atem, und stößt wieder hinein ... und noch ein paarmal, bis sich drin nichts mehr rührt.

„So, dia(r) how i g'holf'm!“ trumpft er nun sich selber auf, zufrieden, und holt die Laterne und leuchtet in die Falle hinein — und sieht jetzt auch, was er erwischt hat.

Da er wieder in die Schlafkammer kommt, es dauert eine Weil', ist die Vroni natürlich schon gespannt und neugierig wie ein Rotschwänzchen.

„Haoust nan?“ fragt sie gleich.

„Allaweil“, lallt der Nandl, tut schlaftrunken und legt sich auf die Seite.

„Is a scha taout?“

„Frali“, meint er drauf, tut seelenruhig und kratzt sich dabei den Buckel.

Aber die Vroni ist nicht von der kurzen Art, will alles genau wissen und benzt weiter: „Wos is'n naou für a Vöich g'wen, su red halt!"
„Unsa g'scheckata Katz'nko(d)l — und öitzt wüll i ma Raouh ho(b)m!"
Ein tiefer Seufzer; die Vroni stöhnt. Doch dann pfeift sie dem Nandl noch hin: „A Schaousta sollt halt ba sein'm Loist'n bleib'm!"
Und das war's End vom Lied, wenigstens für diese Nacht.

Schlechte Tarnung

Nichts kann einen Bauern so ärgern und aus der Haut treiben, als wenn ein Nachbar die Grenzen nicht einhält, die doch deutlich durch Steine abgesteckt und auch im Kataster genau beschrieben sind. Dennoch sterben die Angrenzer und deren Ehehalten nicht aus, die es in diesem Punkte mit dem Mein und Dein, sei es aus Gleichgültigkeit, sei es aus Absicht, durchaus nicht so gewissenhaft nehmen, als dies sein sollte, und, was das Vieh betrifft, dieses einfach hinlaufen lassen, wo das Futter am fettesten ist, was merkwürdigerweise meistens auf dem fremden Acker gedeiht, so daß dabei immer der Nachbar den Schaden hat. Also erging es auch dem Wastlbauern auf einem Weiler im Floßer Amt, dessen saftiger Kleeacker an die magere Brache des Bärn-Wolf Franzen stieß. Und jeden Tag, den Gott vom Himmel gab, wie man dortzulande so schön sagt, trieb der Nachbarsbub die Kühe, statt auf die väterliche Weide, hart an den Kleeacker heran, so daß das unvernünftige Vieh nicht lange zu suchen brauchte, wo es das Maul am vollsten bekäme. Dies sah der Wastlbauer gar bald — und sah es öfters — und je öfter er zusehen mußte, umso mehr wurmte ihn das. Da er jedoch mit seinem Nach-

barn im Frieden lebte und dies weiterhin zu tun gedachte, verfiel er auf eine seltsame List.

Eines Tages, etwas vor der Zeit, da der Nachbar gewöhnlich austreiben ließ, schwärzte er sein Gesicht mit Ofenruß, nahm dann die Ochsengeißel zur Hand und legte sich auf die Lauer. Es dauerte auch gar nicht lange, rückte der Bub mit dem Vieh wieder an, das nun seinen Platz schon wußte und mit langer Zunge gleich in den Wastlbauern-Klee hineinfuhr. Fuhr auch der Wastlbauer gleich auf und zeigte, was er für einen guten Strich habe, nämmit der Geißel, und ließ nicht nur den gehörnten und geschwänzten Fressern, sondern auch dem Buben von diesem Zehrgeld spüren, der davon das Laufen bekam wie eine Bachstelze.

„Su, du Lausbau, du dräcketa, öitza kannst bal wieda in mein Kläi einahöin!“ schrie er dem hinter den davongaloppierenden Ochsen und Kühen dreinlaufenden Wicht nach und wandte sich wieder heimzu.

„Den hob ie g'holfm“, meinte er lachend ob seiner gelungenen Sühne, und dann zur Frau, als er sich wusch: „Glabst, Wei, dea haout mi nait kennt!?“

Wie man „lange Füße“ bekommt

Wenn man am Rhein, an der Mosel und in der Wachau die Trauben pflückt und keltert, werden bei uns in der Oberpfalz die Erdäpfel zeitig und die Gänse und Schweine fett. Und wenn dort allenthalben die Weinhändler auftauchen, fallen bei uns die sächsischen Aufkäufer ein, die alles gebrauchen und daheim an den Mann bringen können, denn das schöne Land Sachsen hat einen großen Magen und einen kleinen Acker.

So einer, der es aber im Gegensatz zu den vielen andern noch zu keiner Benzinkutsche gebracht hatte, nur zu einem Fahrrad und einer Lederjacke, kommt auch einmal um diese Zeit nach Schnaittenbach, das nicht weit von Hirschau liegt. Da es Mittagszeit ist, stellt er im „Hasen-Bräu“ ein und ruft „Wirtshaus!“ und verlangt eine Speisekarte, was den dienstbaren Hausgeist, die treuherzige Anna aus Mimbach, wo man gewohnt ist, zu essen was auf den Tisch kommt, ein wenig in Verlegenheit bringt. Doch gibt es ein schön durchwachsenes Ripperl mit Sauerkraut, welches dem Chemnitzer, denn von dort war er her, ausgezeichnet schmeckt und auch der Portion nach so gut geraten ist, daß er an keinen Speisezettel mehr denkt und behaglich aufschnauft und nur noch eine würzige Brasil als den bekömmlichsten Abschluß empfindet.

Am selben Ecktische, breit hinter einem Steinkruge verschanzt, sitzt noch einer, dessen Augen bald der Anna nachgehen, bald an den bläulichen Kringeln seiner Virginia hängen und dazwischen wieder den Lederbejackten aufmerksam betrachten, der sich seinerseits nun auch einen dicken Krug hinstellen läßt und anfängt, gesprächig zu werden. Und da ihm das Zünglein nicht angewachsen scheint, sich auch gar keine Mühe gibt, es ein wenig im Zaume zu halten, und sich weidlich ausläßt über diese, wie er meinte, rückständige Welt, die keinen Vergleich aushalten könne mit seiner Heimat, brauchte der schweigsame Virginiaraucher gar nicht besonders hellhörig zu sein, um zu wissen, mit was für einem Vogel er es zu tun habe, und sagte dazu nicht viel, nur hin und wieder „ja-ja" oder „so-so". Und erst als sich das Mühlwerk des andern über lauter Seidenstrümpfen, Seidenwäsche und duftigen Vorhängen müde gelaufen, wird auch er redselig und beginnt hin und her zu fragen, wohin er, der Chemnitzer, denn heute noch hinfahren wolle, wobei sich herausstellt, daß beide bis Hahnbach den gleichen Weg hätten. Ja, meinte der Sachse, bis Hahnbach müsse er heute unbedingt noch kommen, denn sein Geschäft blühe jetzt — und dort, so sagte er, gedenke er einen richtigen „Schnitt" zu machen. „Wenns owa dua(r)ch Hahnboch wälln, deam sa si in acht nehma, daß s' koi lang Föiß gröig'n!"

(„Wenn sie aber durch Hahnbach wollen, dürfen sie sich in acht nehmen, daß sie keine langen Füße bekommen!“) meinte der Einheimische, wobei er den Chemnitzer listig lächelnd anblickte.

Hier ist zu bemerken, daß dieser Ort seinerzeit ein gefürchtetes Pflaster besaß, welches von den Fuhrleuten und den Radfahrern, weitum und soweit dies möglich war, gemieden wurde, was den Hahnbachern viel Spott und Unannehmlichkeiten eintrug und ihre Gemüter empfindlich machte für alles, so sich auf ihr Pflaster bezog.

Der Sachse wußte von alledem natürlich nichts und wird nur neugierig, was es denn damit auf sich habe, was lange Füße bedeuteten und so zu, worauf der Schelm aber nicht eingeht und nur meint, man könne das nicht so beschreiben, das müsse man selber verspüren.

Als sie endlich daran denken, sich wieder auf die Räder zu schwingen, und der Chemnitzer schon mit klingender Münze spielt, seine Zeche zu bezahlen, bricht draußen ein Platzregen los, der nimmer aufhören will, weswegen der Einheimische, der davon nur aufgeräumter wird, dem andern vorschlägt, noch ein Krüglein zu trinken, denn es sei besser, inwendig naß zu werden als außen, er müsse aber in diesem Falle nur noch schnell einmal nach Hahnbach telephonieren, damit ihm dort nicht sein Geschäft davonlaufe. „Topp!“ meint der Chemnitzer und ist mit dabei, denn sie wollten doch, nachdem sie nun einmal den gleichen Weg hätten, miteinander fahren.

Aus dem einen Krüglein werden zwei — und werden drei, denn der Stoff ist gut ... Das Wetter war schon längst über alle Berge und draußen schossen auch die Tauben eine gute Weile um die Giebel, als sie endlich mit der Weiterreise ernst machen, wobei aber der Chemnitzer bald inne wird, daß das Aufsitzen und Geradeaus-Fahren ehedem leichter gewesen als jetzt mit dem trunkfesten

Steinpfälzer, der hinterher fährt und dem Vordermann gute Ratschläge gibt mit „hüsta!“ und „hott!“, denn die Straßenbäume und Randsteine springen nicht auf die Seite.
Kurz vor Hahnbach gehts aber doch nimmer, der Sachse muß vom Rad herunter, just als der Einheimische auch die Zeit für gekommen hielt, das Spiel in Gang zu bringen. Der Chemnitzer hats eilig, denn das Zuviel-genossene war ihm bereits in Bewegung geraten.
„Guter Freund“, meinte er, „willst du mir nicht das Fahrrädl ein wenig halten?“ schon den kalten Schweiß auf der Stirne und ganz weiß im Gesicht.
„Wie gewunschen“, erwiderte der Steinpfälzer, „dasselbe wollte ich dich eben auch bitten, denn ich möchts mir ein wenig leichter machen. Wenn du willst, so kann ich dir auch den Kopf halten!“
Und während es dem andern den Magen umstülpt, lockert ihm der Schelm schnell und heimlich das Ventilschläuchlein am Hinterrad, so daß da ganz unmerklich die Luft auspfeift — und da noch Zeit ist, tut er dasselbe auch vorne, denn, dachte er ganz richtig, aufsitzen kann der Spruchbeutel doch nicht so gleich.
Und wie gedacht, so kam es auch. Der Einheimische schob beide Räder jetzt. „Wir sind ja so gleich dort“, sagte er und meinte dazu, Fahren und Schieben täten einem rebellischen Magen nicht gut, denn er sah wohl, wie dem andern noch alles schief im Leibe hing.
Als sie den Ort erreicht hatten, fiel dem Chemnitzer schon auf, daß dort und da die Leute herumstanden. „Ei, haben die Feiertäg — mitten in der Wochen?“ frug er seinen Begleiter, der bald rechts und bald links blickte, grüßte, lächelte und zwinkerte. Doch der tat, als habe er diese Frage überhört. Und statt zu antworten, empfahl er sich an der ersten Seitengasse, gab dem andern eilig das Rad in die Hand und machte sich aus dem Staube, um, wie er

vorgab, ein paar Häuser weiter eine Botschaft auszurichten. „Im ‚Ochsen-Bräu', ganz am End", rief er noch zurück, „da hats eine gute Herberg'! Aber ganz am End'!"
Die Straße war wirklich schlecht, war holperig und hatte Löcher wie Backmeltern, vom Regenwetter ebenvoll, so daß der Sachse, der natürlich vergeblich nach dem „Ochsen-Bräu" Ausschau hielt, einmal dahin und einmal dorthin hüpfen mußte — und wieder rechts und dann links — manchmal auch hinein, bis er endlich am harten Aufstoßen des Fahrrades ausging, daß die Schläuche leer waren wie sein Magen — und nicht nur dies, sondern daß auch für den Spott schon gesorgt war. Und weil er letzteres besonders bemerkt, reißt ihm die Schnur und der Gaul geht ihm auch schon durch, aber wie! Denn er ist der Meinung, das Holperpflaster und die Schlaglöcher allein trügen die Schuld an allem, was heißen soll, die Hahnbacher selber, weil sie ihr Sach' nicht in der rechten Ordnung hielten, flucht also wie ein Türk, das Blaue hätt' vom Himmel fallen mögen, und wünscht den ehrsamen Bürgern nichts Besseres, als daß sie der Teufel reiten möge, in allen Kadenzen, bei Tag und bei Nacht.
Doch kam er in dieser Tonart nicht gar weit, denn allenthalben erschollen scharfe Pfiffe und dazwischen Peitschengeknall. Und dazu tauchte jetzt auch noch ein himmellanger, wohlgenährter Metzgerbursche auf, schon die Hemdärmel hochgekrempelt und einen Ochsenziemer in der Rechten, dessen Länge einen guten Vater verriet. Da war es dem Chemnitzer doch, als hätt' er einen Groschen fallen gespürt. „Ei, du grüns Herrgöttche von Strambach, geht so der Wind!?" blitzte es in seinem Kopfe. Und da es schon höchste Zeit war und nichts anderes mehr übrig blieb, steckte er flugs den Kopf durch den Rahmen und fing mit seinem Fahrrädl zu laufen an — und lief — und kam trotz seines schiefen Magens früher wieder aus Hahnbach

heraus und auf die freie Landstraße, wie er gedacht hatte. Und nachdem er sich den dicken Schweiß von der Stirne gewischt, froh des überstandenen Abenteuers, ging ihm auch ein Licht auf — und plötzlich wußte er auch, was „lange Füße" sind.

Diogenes II.

Lebte da in der Zeit zwischen den beiden großen Kriegen in der alten Eisenstadt Amberg ein gar wunderlicher Junggeselle, einer von jenen Narren oder Weisen, mags jeder halten wie er will, deren Zunft wohl in keinem Geringeren als dem weiland weltberühmten Griechen Diogenes ihren Urahn und Stammesvater erblicken könnte. Es gäbe ein wahrhaftiges Schatzkästlein der anmutigsten Geschichten, die am Ende einen stattlichen Kalender füllen könnten, wollte man alle seine Taten und possierlichen Spiegelfechtereien niederschrieben, davon man heute noch spricht — und manchmal nicht ohne jenes Schmunzeln, das denen eignet, die schon über den Schattenseiten des Lebens stehen und darüber hinaus zu jenen Stufen der Erkenntnis vorgedrungen sind, die da heißen: Gelassenheit und Heiterkeit.

Lebte also dieser Sonderling ein gar eigenwilliges Leben, aus dem mancher neunmal Kluge nicht klug werden konnte, lebte es wie ein rechter Kater, der auch nicht lange fragt und sich nicht überall kuscht, wenns dem und jenem gerade einfallen möchte „Setz dich!" oder „Daher!" zu rufen. Er sah die Welt mit besonderen Augen an und deutete sie auf seine Weise — und wars auch manchmal wunderlich, er ging seinen Weg und ließ sich davon um keinen Zoll abbringen.

Er konnte hübsch singen und gar artig den Ziehbalg quetschen. Nun hatte er auf dem Friedhofe zu St. Katharinen einen guten Freund liegen, viele Jahre schon, um den ihm leid gewesen und dessen Grabesruhe ihm, dem Wunderlichen, zum Sterben langweilig vorkam. Nahm er also, und das sommers wie winters, die Harmonika untern Arm und pilgerte hinaus, die Stille des Toten mit Kurzweil zu erfüllen, setzte sich ans Kopfende des Rasenhügels und sang „Schön ist die Jugend“ und „Das war im Böhmerwald“, daß es weithin scholl und vom alten Kirchlein wiederhallte. Hat sich mancher darüber geärgert und den Einfältigen des Unfugs geziehen. Der aber meinte nur:

„Wenn ma an Freind g'hatt haut, den mau ma in Ehr'n halt'n. Und wems niat paßt, der soll si a Gros in d' Löff'l stopfm oder spata kumma, da Freithof is Toch und Nacht offm!“

Ist darauf nicht gut was zu sagen.

Oder er fuhr nach Feierabend, wenns draußen noch glockenhell gewesen und die Sonne noch hoch überm Ammer-Tal stand, mit seinem Fahrrad in der Gegend herum, wobei er die Luft sparte, indem er die Laufdecken prall mit Seegras vollgestopf hatte, denn, so erklärte er:

„A Luftschlauch platzt und nau haut ma bloß an Ärga damit — und ärgern soll ma si niat! Ma Method is billiga und bequema; da Mensch macht si so z'viel Umständ!“

Doch worüber alles lachte, das war seine Stallaterne, eine trübe Ölfunsel, die kunstvoll an der Lenkstange befestigt war und die ihm den Namen des wunderlichen Weisen der Griechen eingetragen hatte, der auch am hellichten Tage mit einer brennenden Laterne durch die Straßen gelaufen, einen Weisen zu suchen. Das tat aber unser Sonderling nicht, denn, erstens ging er nicht, er fuhr, und fuhr nur ein wenig spazieren — und zweitens hätte er keine Leuchte gebraucht, aber der Gendarm hatte ihm einige sauere Märklein abgeknöpft, was dem Kauz so scharf in den Geld-

beutel gestochen war, daß er sich dessen nicht mehr versehen wollte und lieber schon am lichten Tage die Lampe anzündete, auf daß er dies bei Einbruch der Dunkelheit ja nimmer vergesse.

Wer ihn nicht gekannt und darum befragte, was denn diese

Narretei bedeute, ob er wohl den gestrigen Tag fangen wolle und was er denn sonst mit der Lampe suche, wurde er ungut und schrie:

„Nu so an Narrn, wöi du oiner bist!“

Und war dieser Tobak dem Frager zu stark und er wollte den Beleidigten spielen, meinte er nur:

„Wos brauchst mi denn z’fraugn; i hob di a niat g’fraugt, woarumst gestern a gröine Krawatt’n füabund’n haust und heint a raute!“

War also auch gut gegeben, und mußts der Neugierige haben.

Jedes Jahr, wenn hinter den alten Stadtmauern die Hollerbüsche ausschlugen, die Hunde und Katzen wieder anfingen, sich auf den Hausstaffeln zu sonnen, und die Alleebänke wieder ihren Zuspruch erhielten, sah man diesen seltenen Kapaun alle vierzehn Tage mitten unter den fröhlichen Waschweibern an der Schiffbrücke knien und mit Fleiß sein, wie es hieß, einziges Hemd in der Vils waschen, sah man ihn angestrengt bürsten und fleien und auswinden, bis kein Tröpflein mehr kam, und nachher um die Stadt laufen, immerzu, einmal langsamer, dann wieder eiliger, aber unentwegt das nasse Hemd schwingend, solange, bis es trocken war.

Fand auch daran jedermann sein Vergnügen, denn nichts in der Welt ist zu dumm, daß es nicht sein Publikum fände, und so auch da. Freilich hats auch an solchen nicht gefehlt, die den Einfältigen anhielten und wissen wollten, weshalb er seinen Hemdstock nicht lieber zum Fenster hinaus in die Sonne hänge oder über ein Stricklein, so daß der warme Wind dazukäme. Lachte der Hemdschwinger nur pfiffig und meinte:

„Ja so, dau tau i lang ummananda; bis i dreimal um d’ Stodt laf, is’s trücka!“

Fragt also einer, wie groß die Stadt Amberg ist, braucht

man nur zu sagen: „Bis ein nasses Hemd trocken ist, kannst du dreimal um die Stadt laufen!"
So groß ist also Amberg.

R. I. P.

Drei Buchstaben. Auf vielen Grabmälern und Holzkreuzen unserer Friedhöfe findet man sie, gemalt oder eingemeißelt, je nachdem. Jeder sieht sie, doch die wenigsten wissen, was sie bedeuten.
Der Friedhofwärter, der vor etwa fünzig Jahren im Dreifaltigkeitsfriedhofe zu Amberg seinen Dienst tat, ein fleißiger, aber einfältiger Mann, wußt's auch nicht, denn als er einmal gegen Abend die Rosenstöcke und das Immergrün auf den Gräbern goß, die er zu betreuen hatte, kommt ein alter Spittelbruder auf ihn zu, brummelt erst in seinen Bart hinein und will dann wissen, wie diese drei Buchstaben auszulegen wären; er hätte schon den ganzen Abend darüber nachgedacht, käme aber damit auf keinen grünen Zweig. Stellt der gute Wärtel erst seinen Sprengeimer hin, zieht darauf ein viertel Lot Schmalzler in die Nase hinauf und meint dann bedächtig, daß das wohl ein Dienstgeheimnis sei, welches man ihm auch nicht verraten, das er aber durch langes Spintisieren herausgebracht habe. Dann sagt er ihm leise ins Ohr:
„Dös hoißt: Raoubnbauer is Pflecha!"
War nicht schlecht ausgedacht, denn der Friedhofspfleger im hochwohllöblichen Rate der Stadt hieß damals so, ist also sein Vorgesetzter gewesen, ein ehrengeachteter, wenn auch gestrenger Mann.
„Hm", knurrte darauf der Spitaler, „maouß si' denn der af jedan Taferl verewich'n!?" schüttelte den Kopf und trippelte dem Ausgange zu.

Einige Jährlein später ging der Herr Pfleger, schon recht betagt, in den verdienten Ruhestand. Stimmten die Buchstaben wiederum:
„Raoubnbauer in Pension.“
Seitdem ist ein halbes Jahrhundert hinunter, denn die Zeit ist wie ein Rad, das niemals stille steht. Sie hat den Spitaler mitgenommen, den Wärtel und auch dem Herrn Pfleger sein letztes Kämmerlein angewiesen. Aber merkwürdig, die Deutung der drei Buchstaben stimmt immer noch, nämlich:
„Raounbnbauer in pacem!“
Er ruht in Frieden, der Herr Rubenbauer, lange schon, wird aber weiterhin verewigt auf allen Taferln, wenigstens in Amberg.

Die afrikanische Zeit

Wenn jemand eine Reise tut, so kann er was erzählen — und meistens bringt er dann auch etwas mit. Bei dem biederen Inhaber einer oberpfälzischen Brauerei, der kurz vor dem zweiten großen Kriege mit einigen Kumpanen seines Bräustübels eine ausgedehnte Fahrt durchs Mittelmeer unternahm und über die Biskaja und den Kanal wieder zu seinen Braubottichen zurückkehrte, war's die „afrikanische“ Zeit.
Es war ein heißer Tag zu Anfang des Juni, als die fröhliche Kumpanei, die den Bräuer unter ihre Fittiche genommen, in der zauberischen Stadt Venedig anlangte, wo schon eines jener prächtigen deutschen Schiffe, die der Krieg verschlungen, vor Anker lag. „Volldampf voraus!“ und mit Kurs nach Süden, gings die blaue Adria hinunter, sozusagen an der Wadenseite des italienischen Stiefels entlang, um den Sporn Monte Gargano und bei Brindisi und Otranto

um den Absatz herum ins Mittelmeer hinein, alsdann durch die Straße von Messina und im Angesichte des Ätna nach Palermo. Hätte man die Augen des Bräuers sehen sollen, die vor Staunen fast übergingen — und erst recht, als im scharfen Kurs auf West linker Hand die afrikanische Küste in Sicht kam, ganz fern ein heller, schimmernder Streifen nur, denn allein schon das Wort Afrika hat's in sich. Aber jetzt, da alles sich beinahe die Hälse ausreckte, Feldstecher und Operngucker Palmen herziehen sollten, Neger und womöglich auch noch Affen und Löwen dazu, erscholl plötzlich die Schiffsglocke und der Lautsprecher gebot Achtung: „Westeuropäische Zeit! Die Zeiger um eine Stunde zurückdrehen!" Zog also auch der Bräuer seine Sackuhr und tat wie befohlen, sah dann das Zifferblatt eine Weile nachdenklich an und meinte: „So, öitzt leb'n ma in da afrikanisch'n Zeit!" Dabei lief ihm eine gelinde Gänsehaut auf, die immer wieder kam, je mehr die Gestade des fremden, geheimnisvollen Erdteils näherrückten, und gar erst, als zur Rechten, mit britischen Kanonen gespickt, der Dschebel al Tarik, heute Gibraltar geheißen, finster herüberdräute. Ging's also unter Gänsehautgeriesel in den Atlantik hinein und nach Lissabon hinauf, wo die afrikanische Zeit erst richtig zur Geltung kam und zünftig gefeiert wurde, nämlich mit köstlichen Porto und Madeira, der unserem Steinpfälzer das Herz aufbügelte, daß er balzte wie ein Auerhahn daheim im Böhmerwalde. Um aber Gaben einer so trefflichen Zeit gehörig auszunützen, nahm sich der Gute, dem Beispiele seiner Gesellen folgend, gleich einen Korb dieses hitzigen Rebensaftes mit an Bord, um, wie es hieß, der widerborstigen Biskaja ein Schnippchen zu schlagen, was ihm auch vorzüglich gelang. Er sah nichts von den wilden Wogen dieser rebellischen Meeresbucht, denn er schnarchte ausgiebig und laut in seiner Kajüte, dazwischen immer wieder aus den Portoflaschen gluckernd, aß wenig, schlief und gluckerte auch um die Bretonische Küste herum und kam nur zu sich, wenn es im wilden Gewoge die Schiffsschrauben aus dem Wasser lupfte, so daß es dumpf dröhnend im Schiffsbauche grollte. „Hurch", sagte er dann zu seinem Nachbarn, „dös rollert wöi ma Faßla daham in'n Bierkella!"

Aber droben im Ärmelkanal, es leuchtfeuerte von Brighton im Norden und von Dieppe im Süden, bimmelte die Schiffsglocke wieder: „Mitteleuropäische Zeit, alle Uhren eine Stunde vorstellen!" War also die afrikanische Zeit zu Ende, ausgelaufen wie des Bräuers Portoflaschen. Aber für ihn war die Erinnerung daran so gehaltvoll, daß er sich davon nicht trennen konnte und darum die anderen ruhig ihre Uhrzeiger vorrücken ließ. „Mir gilt's nicht", sagte er sich, nahm wohl seine echte Schweizer aus der Tasche, zog sie aber nur auf, denn er wollte die afrikanische Zeit oder „original afrikanische Zeit", wie er sich ausdrückte, doch mitnehmen, unbedingt mitbringen und daheim zeigen und vor seinen Gästen großtun. So lebte er von der Stunde an nur noch von der Mitteleuropäischen Zeit seiner Kumpane, denn seine Schweizer mit der original-afrikanischen kam nicht mehr aus dem Sacke. Die Nordsee verschlief er und schlief auch fleißig von Wilhelmhafen bis heim zu seiner Katharina, gönnte sich auch da noch einen langen Tag und erschien erst abends wohlausgeruht im Bräustübel.

„Meine Herrn", sprach er gravitätisch, nachdem sich die Wiedersehensfreude etwas gelegt hatte, „meine Herrn, woll'n s' wos seahg'n? Daou zeich i denk öitzat die original-afrikanische Zeit, döi i enk mitbracht ho!" Sprach's und ließ den Sprungdeckel schnipsen und hielt seine Schweizer, er nannte sie nur seine Goldene, auf den Tisch hinein. Gabs erst lange Gesichter, dann ein verstecktes Schmunzeln da und dort, bis einer, der die hingehaltene Uhr gleich vor der

Nase hatte, entdeckte, daß sie auf drei Uhr zeige und abgelaufen sei, heute nachmittags, vielleicht auch schon in der Frühe. Hatte also der Bräuer verspielt und mußt's aufgeben, denn jetzt platzte das Gelächter los wie ein Maigewitter, das seinen ganzen Hausherrenstolz hinunterschwemmte mitsamt seiner afrikanischen Würde. Ist ihm doch, wie ein Witzbold meinte, die afrikanische Zeit ausgekommen wie dem Spatzenmichel die Spatzen unterm Hute, just, als er den Uhrdeckel springen ließ.
Es kann nicht anders gewesen sein, denn die „original-afrikanische Zeit" spukt heute noch im Bräustübel. Frage aber keiner nach ihr, ja nicht!

Mist gehört zu Mist

In der Steinpfalz und wohl auch anderswo gab es auf den Bauernhöfen für gewisse Bedürfnisse kleine schmale Holzhäuschen, die — damit gleiches zu gleichem komme — ihren Platz über dem Mist hatten. In manchen Fällen, und auch diese Sitte ist bei einzelnen Waldbauern noch urkräftig am Leben, tut ein Brett oder gar nur eine Stange am Rand der Dungstätte den gleichen Dienst.
Wer daran so gewöhnt war wie das Zengerhot-Wenzerl, konnte andern Orts in arge Verlegenheit und Bedrängnis kommen. — Gleich am ersten Schultag war's, da packt's das Bübl schon in der zweiten Stunde grausam an. Der Lehrer, der zum Glück bald sieht, wie das Wenzerl mit feuerrotem Kopf in der Bank hin und her rutscht und schier verzweifelt auf und nieder hopst, sagt nur: „Wenzerl, jetzt lauf aber!" Und schon ist der kleine Matz wie der Blitz zum Tempel hinaus.
Aber es dauert nicht lange, steht er wieder unter der Tür,

in der einen Hand den Drücker und in der andern den Hosenladen, und wimmert halb voll Zorn und halb dem Weinen nah: „Schullehra, öitzat bin i scha dramal (dreimal) um da (dein) Haus g'rennt, waou haoust denn dein Mist?“

Steinpfälzer Abschied

Den einen packts so und den andern so, wenns ans große Scheiden von einem teuren Menschen geht, das kommt auf seine Art an. Merkwürdig, wie er überhaupt ein besonderer Mensch gewesen, wars beim alten Baze in Wieselbrunn, als sein Weib, die Lena, zum Sterben gekommen.

Bleich und abgezehrt lag die Achtundsiebenzigjährige im Bett und starrte gläsern vor sich hin, als wär der Geist schon draußen, wie man sagt, und nur mehr der Leib in dem alten Bauernbett zurückgeblieben. Der Doktor fuhr gerade zum Hoftor hinaus, er wolle zwar morgen noch einmal nachsehen, aber man wußte, es war nichts mehr zu machen.

Der alte Baze stand am Kopfende der Bettstatt. Rundherum saßen oder knieten die Söhne und Töchter und dazu noch einige Frauen aus der Nachbarschaft, denn die Hinscheidende konnte jeden Augenblick auslöschen. Also wich auch der Baze nicht mehr von der Seite der Sterbenden und blickte mit übernächtigen, geröteten Augen rat- und hilflos auf die mit dem letzten Atem ringende nieder.

Plötzlich kam wieder Leben in ihr Gesicht. Mühsam hob sie den Blick zu ihm auf, bewegte die Lippen und keuchte stoßweise heraus:

„Mei, Baze, öitzt mauß i halt furt ... va dir ... unsa Herrgott wülls halt ... su hobm!"

Darauf schweigt der alte Baze erst wielange und schluckt — und schluckt, bis er reden kann. Dann räuspert er sich und sagt:

„Lena, lang san ma beinand g'wen — und schöi hobm ma z'sammg'haust — (er schluckt wieder) — wenn di owa unsa Herrgott löiwa haut wöi ich, nau ... nau ... ssssst!"

Und dabei haut er mit dem rechten Arm und dem gestreckten Zeigefinger einen weiten Bogen durch die Luft.

Da wars, als hätte der Luftzug dieser Bewegung die Lider der Sterbenden zugeweht für immer.
Wie schon gesagt: Jeder nach seiner Art. Und der alte Baze war eben so, in allem ein besonderer Mensch.

Anmerkung zu den folgenden Gedichten:

Die Einklammerungen dienen nur zur leichteren Sinndeutung der sehr schwer darzustellenden oberpfälzischen Mundart. Bei lautem Lesen bzw. beim Vortragen entfallen sie.

Das Mißverständnis

Da Graouwerl vo Woi(d)haus dahint'
haout i(n) da Wei(d)n a ledis Kind.
'as Moi(d)l oarwat und is brav,
drum saoucht a(r)s zi da Kirwa af
und bringt 'ra, daß niat leid't a Naout
a Wurst mit und a Loiwl Braout.
Ea(r) siaht scha, wöi si(ch) 's Moi(d)l freit
und rennt a(u)f Bahn, wals häichste Zeit,
und legt am Schalta, g'wiß is's woah(r),
'n Vüa(r)stand an Zeahmoa(r)kschei(n) doa(r).
Dea(r) owa is vull Gift und Zoa(r)n,
wal ea(r) ban Kart'n haout valoa(r)n
und d'letza Nacht dra Moa(r)k vaspült.
Drum schreit ea(r) a(u)s sein Gutzerl wüld:
„I(n) d'Wei(d)n wüllst" und „blaouß doa (hin)?"
Daou schaut da Graouwerl sondaboa(r)
und denkt: „Wos wüll denn öitzt dea(r) Narr?
Wenn i(ch) scha wieda dra(u)ßn war!"
Da Vüa(r)stand dra(u)f: „Su red'halt naou,
sinst stäih'n ma ma(r)g'n fröih a(uch) nu daou!"
„Blaouß doa (hin)?" su schreit ea(r) nu amal
und jedas Woa(r)t is vulla Gall.
Daou blaoust da Graouwerl d'Back'n a(u)f
und blaoust den Schei(n) a(u)f's Iaferl dra(u)f
und moint: „Wenns sa maou(ß), is's a(ein) Ding,
wöi i(ch) den Fätz'n Göld a(n)bring!"
Und wal in'n Iaferl 's Feua brennt,
da Vüa(r)stand wöi a Wies'l rennt
und wöi a Na(rri)scha a(u)ßaschreit:
„A Rindvöich bist in Aiwichkeit!"
Daou is da Graouwerl a(uch) niat fa(u)l
und streckt si(ch) grod und röihat 's Ma(u)l.

„Red' deitsch!" su pfätzt ea(r) 'n Vüa(r)stand a(n)
„naou woiß a jeda wöi ea(r) dra(n)!
As ka(nn) niat la(u)ta Iasl (Esel) geb'm,
ma(n) braucht 'as Rindvöich a(uch) daneb'm!"
Su haout a(er) g'redt — und d'Leit ho(b)m g'lacht,
wos da Vüa(r)stand füa(r) a G'sicht haout g'macht.
„Und wenn a(er) mi(ch) a(uch) ma(r)g'n vaklagt,
den", moint da Graouwerl, „ho(b) i(ch) 's g'sagt!"

Der Pleystoana Vuglhandlara

Da Koarl, dea(r) haout Viegl zicht
und Stoarl a zun Re(d)n og'richt.
Bis ei in d'Wei(d)n woar ea bekannt
als alta Vugllieferant.

Amal, daou haout ea a(uch) oin g'ha(b)t,
dea haout da g'redt und woa(r) su glatt,
a Vugl halt, dea waou wos kost
und wöi ma koin kröigt mit da Post.

Daou schreibt as Wei(d)n a reicha Ma(nn),
wos ea(r) den Stoarl kaff'm ka(nn);
naou sollt ea(n) 'n bringa — und vül Gröiß!
Da Koarl macht si(ch) glei(ch) af d'Föiß,

am Höi(t)l dru(b)m an Tannastrauß,
am Buckl hint'n 's Vuglhaus.
As is a schöina Summatoch . . .
Da Stoarl, g'fenzi, haout oin Schloch.

Da Koarl schnalzt, da Vugl pfeift —
und wöi ea(r) af und oari schleift!
Bis Tröglasriath gäiht des su zaou,
daou wüll da Stoarl a(uch) sa Raouh ...

Da Koarl denkt, naou laoußt as blei(b)m
und schöibt af d'Stodt scha zaou um d'Rei(b)m,
dafraougt glei(ch) d'Straouß und findt sein Ma(nn)
und klopt mi(t)n Stäckn g'heri a(n).

Da Hea(rr) macht glei(ch) a freindlis G'sicht,
weil si(ch) des Ding su bal(d) haout g'richt.
Da Koarl moint: „Ea(r) woa(r) niat schwach,
bloß hoaß san öitzat halt döi Tach."

Lad't 's Heisl o(ab), wülls hi(n)stöll'n duart,
daou g'siaht a(r), daß da Vugl fuart.
Ea(r) mächt vanäi am löibstn bäig'n ...
„Den", moint ea(r), „wiar i(ch) nimma kröig'n!"

Af amal owa packt nan d'Waout,
ganz blau in G'sicht, su steigt nan 's Blaout:
„Wos soll i(ch) taou, ea(r) is scha weg.
Mia ho(b)m nix mäihna daou wöi 'n Dreck?"

Da Teifl haout den Fräcka g'holt;
öitzt mächt i(ch) wiss'n, wea(r) nan zohlt!"

Dumme Fraouch

Da Stefflbaua(r) va(n) Hamun
krasp'lt uma am Bu(d)'n
und taout füa(r) d'Wa(b)m
d'Henna-Oia z'sammkla(b)m.

„Schöi Oiala!" sagt a(r) stad —
daou haouts nan oaradraht,
'n Steffl va(n) Hamun,
van übarst'n Bu(d)n.

Und wöi haouts (ih)n doag'haut,
wal a(r) niat a(u)fg'schaut,
mitt'n a(u)f Tenna hea(r),
daß a(r) kreißt wöi a Bea(r).

D'Wa(b)m, wöi wenns brennt,
schreit und kummt g'rennt
und schaut nan glei(ch) a(n),
wos a(r) nu schna(u)fm ka(nn),

und legt nan am Schuarz dra(u)f
und macht nan sein Ruck a(u)f
und naouchherla d'Hus'nschnall'n . . .
„Bist ebba oarag'fall'n?"

Su fraougts nan und is(t) ganz dahost.
A(u)f amal da Steffl, dabost,
stäiht a(u)f: „Saudumme Riad,
Rindvöich, oarag'ri(tt)'n niat!"

Hamun = Dorf Heumaden; Oia, Oiala = Eier, Eierlein; oara = herunter; Wa(b)m = Koseform f. Walburga; naouchala =nachher, alsdann; ebba = etwa, vielleicht; dahost = wie ein erschrockener Hase; Riad = Rede.

’s gung Hahnerl

’n Spaoutz’n-Binna sa(in) Kloina,
häiats, des is(t) da oina!
Na(eu)li i(n) da(r) Schöl sagt a(r) zin Lehra:
„Gung Hahnala ho(b)m ma, dra(i), vöiä, nu mehra.
Oi (einige) kinna scha flöig’n.
Mar(r)g’n, moin i(ch), wearst oins kröig’n!“

’n anda(r)n Toch daou moint a(r) dasi:
„I(ch) ho(b)s scha g’sagt da Stasi,
owa döi haout niat reat (recht) Zeit.
d’Franz(l) und d’Nandl ho(b)m grod g’feilt —
und d’Mutta haout si(ch) g’schnit(t)’n in’n Finga.
Mar(g)n, ganz g’wiß, daou wier (werde) i(ch) (ih)n bringa!“

n’ dritt’n Toch da Lehra lacht
und fraougt nan (ihn), wos ’as Hahnerl macht.
Da Binna dra(u)f: „Zin Teifl z’wida;
seit gestern fröih, daou frißt a(r) wieda.
ho(b)m ma g’moint, ea(r) is(t) valoa(r)n,
dawal is’s Laouda wieda woa(r)n!“

Spaoutz’n-Binna = Spatzen-Büttner; häiats = hört, hört ihr’s.

Van Wiartshaus ham

Da Thama bringt an Wendda z'samm
und gäiht rächt spat van Wiartshaus ham.
Ea(r) brummt und knurrt, tappt hi(n) und hea(r):
„Ha, langts ma nea(r) grod Heisa hea(r)!"

Da Thama rutscht und sturzt und flaoucht
und haout a Stund sa Heisl g'saoucht.
„Öitzt", sagt a(r), „öitzat ho(b) i(ch)s glei(ch)!"
und kummt in Kamma zi sein Wei(b).

Ea(r) zöigt si(ch) a(u)s und blei(b)t naou stöih
und wart' und ka(nn) niat weitagöih.
Da Thama schaut wöi bläid und dumm;
as draht si(ch) allas i(n) da Stubm.

D'Nandl, gifti, schreit im Bett:
„I(ch) ho(b) ma G'frett, i ho ma G'frett!
As is a Kreiz mit su an Ma(nn)!
Ha, wöi ma(n) nea su sa(u)fm ka(nn)!"

Da Thama dra(u)f: „Halts Ma(u)l, bi stad;
ma Bett si(ch) wöi a Reitschöl draht!
Gi(b) acht, mürk a(u)f, bis oins-zwoa-drei,
wenns umakummt, naou hupf i(ch) ei (hinein)!"

Wendda = Wender, Rausch; zi = zu; bi = sei; Reitschöl = Reitschule, Zirkus, Karussel.

Die g'froan Wesch

In Winta woa(r)s, 's haout g'heri g'froa(r)n,
daou is(t) ka Wesch niat trücka woa(r)n;
am Bu(d)'n is's g'henkt ganz steif und zach
und wöi a Patz'n Blei su schwach.
„Dös wia(r)d ma z'dumm!" haout d'Veitle denkt
und haout des Zeich i(n) d'Kuchl g'henkt,
haout ü(b)an Heard a Strickl g'spannt
und doag'henkt all des g'wasch'n G'wand:
Zwöi Loi(b)la und an Untaruck,
as Biba a(uch) an Hemadstuck.

Da Veitl i(n) da letz(t) an Nacht
haout an Brenästra hamatbracht
und haout si(ch) öitzt, scha ganz o(b)g'hetzt,
a wengerl hi(n) i(n) d'Wüarm doag'setzt.

As woa(r) scha aom(ben)ds und nu niat spat
und d'Moi(d)la ho(b)m woa(r)m Hisla g'naht.
Und wöi a(r) a Weil am Uf'm sitzt,
daou haout döi Wesch a(u)f amal g'schwitzt
und langsam tröpf'lt 's (ih)n a(u)f d'Blasch'n
und aori bis in d'Hus'ntasch'n.
Des mürkt a(r) bal(d) und sagt in Zwolm:
„Gäihts Moi(d)la, töits an Rengschia(r)m holn!"

D'Wali find't, des is(t) ka Möih
und bringt (ih)n glei(ch) a Parablöi,
spannts a(u)f und langts nan doa(r),
daß (ih)n nimma fröist in d'Hoa(r).

Da Veitl glei(ch) dra(u)f weitanatzt,
und Tröpfln san a(u)fs Dachl batzt
und langsam a(u)ß'n oarig'hupft.
A Wa(i)l dra(u)f haout a(r) si(ch) a wengerl g'lupft
und hint'n waou a bisserl kratzt,
und daou, wea(r) wöiß denn, is(t) wos platzt;
denn as is(t) a Lüfterl woa(r)n,
als häit daou oina wos valoa(r)n.
D'Moi(d)la ho(b)m des bal(d) daschmeckt
und d'Nos'n umananda g'reckt.

D'Wali moint: „A na(rr)sche Luft,
kummt a(u)s 'n Huf dea(r) olba Duft?"
„Wos soll des sa(in)", sagt d'Mari dra(u)f,
„as is(t) halt d'Wesch; döi leint öitzt a(u)f!"

Zwolm = halbwacher Zustand; Loi(b)la = Leibchen; Brenästra = Rausch; Hisla = Höschen; natzt, natzen = Schläfchen machen.

Inhalt